SEM MEDO DE TER MEDO

Tito Paes de Barros Neto

Sem medo de ter medo
Um guia prático para ajudar pessoas com pânico, fobias, obsessões, compulsões e estresse

Nova edição revista e atualizada

OBJETIVA

Copyright © 2000, 2024 by Tito Paes de Barros Neto

Grafia atualizada segundo o Acordo Ortográfico da Língua Portuguesa de 1990, que entrou em vigor no Brasil em 2009.

Capa
Eduardo Foresti | Foresti Design

Ilustrações de miolo
Gilberto Maringoni

Preparação
Leny Cordeiro

Revisão
Carmen T. S. Costa
Nestor Turano Jr.

Dados Internacionais de Catalogação na Publicação (CIP)
(Câmara Brasileira do Livro, SP, Brasil)

Barros Neto, Tito Paes de
    Sem medo de ter medo : Um guia prático para ajudar pessoas com pânico, fobias, obsessões, compulsões e estresse / Tito Paes de Barros Neto. — 1ª ed. rev. e atual. — Rio de Janeiro : Objetiva, 2024.

    ISBN 978-85-390-0777-6

    1. Estresse (Psicologia) 2. Medo I. Título.

23-174007   CDD-152.46

Índice para catálogo sistemático:
1. Medo : Psicologia   152.46

Cibele Maria Dias — Bibliotecária — CRB-8/9427

Todos os direitos desta edição reservados à
EDITORA SCHWARCZ S.A.
Praça Floriano, 19, sala 3001 — Cinelândia
20031-050 — Rio de Janeiro — RJ
Telefone: (21) 3993-7510
www.companhiadasletras.com.br
www.blogdacompanhia.com.br
facebook.com/editoraobjetiva
instagram.com/editora_objetiva
twitter.com/edobjetiva

A minha mulher, Cris, com amor

Sumário

1. Sobre o medo e a ansiedade 9
2. O terror sem motivo 19
3. Medo de ter pânico 49
4. O inferno são os outros 72
5. Medos nem sempre tão simples 105
6. Pensamentos que atormentam e manias que aliviam 143
7. Traumas de efeito prolongado 175

Autoavaliação 193

Agradecimentos 203
Notas 205

1. Sobre o medo e a ansiedade

Era o verão de 1992 e ainda me lembro bem da ocasião. Sentados à mesa de um café, estávamos eu, meu irmão, minha cunhada e mais alguns amigos. A noite estava agradável, ligeiramente fresca, e todos dávamos boas risadas, embalados pela cerveja e pela boa música. Era sexta-feira, e o local se encontrava apinhado.

Eu não seria capaz de descrever exatamente como tudo começou, mas o fato é que uma mulher entrou no café e dirigiu-se à mesa ao lado da nossa. Minha cunhada, que estava de mãos dadas com meu irmão, arregalou os olhos, ergueu os pés do piso e cravou suas unhas na mão dele. Meu irmão, que já sabia que ela tinha pavor de pequenos animais, perguntava com insistência, aflito com a situação: "Onde está? Fala. Mostra para mim. Onde está o bicho?". Petrificada, minha cunhada não conseguia balbuciar sequer uma palavra, ou mesmo apontar para qualquer coisa. Quando entrou no café, a mulher tinha, sem se dar conta, uma barata sobre seu ombro direito. Ao chegar à mesa em que estavam suas amigas, foi recebida com festa. Uma delas a abraçou efusivamente. Foi nesse exato momento que a barata resolveu fazer uma baldeação, por assim dizer, enroscando-se nos cabelos da amiga.

Foi uma gritaria só, com ela se debatendo e frisando freneticamente os cabelos para tentar se livrar do inseto. Um clarão se fez no local. Enquanto boa parte das pessoas foi parar na calçada, minha cunhada permaneceu na mesa, os joelhos sobre a cadeira, encolhida, em atitude de autoproteção. De súbito, a barata caiu no chão. Mais gritaria ainda. Levantei-me da cadeira e, após três ou quatro tentativas frustradas, esmaguei o bicho com o pé. Como recompensa, recebi uma salva de palmas das pessoas presentes.

Quando me recordo dessa história, não consigo deixar de achá-la engraçada. Por outro lado, entendo como esse episódio foi aflitivo para minha cunhada e, principalmente, para aquela mulher que, por um instante, carregou a barata. Todos sabemos que baratas são insetos repugnantes, mas que não põem em risco a vida de ninguém. O exagero e a intensidade da reação das pessoas foi um dos aspectos que mais me chamaram a atenção, sobretudo porque nessa época eu estava começando a estudar os transtornos de ansiedade, entre os quais as fobias. Sempre que me lembro desse episódio, me vem à mente o título do filme *Muito barulho por nada*, de Kenneth Branagh, embora admita que deva, sim, haver motivo para tanto barulho.

> O medo é um legado evolutivo vital que leva um organismo a evitar ameaças, tendo um valor óbvio na sobrevivência. É uma emoção produzida pela percepção de um perigo presente ou iminente, sendo normal em situações apropriadas. Sem medo, poucos poderiam sobreviver por longo tempo, em condições naturais... Ele nos ajuda a combater inimigos, dirigir com cuidado, saltar de paraquedas com segurança, fazer provas, ter um preparo adequado para falar diante de uma plateia exigente [...]. Deve haver uma quantidade ideal de medo para haver um bom desempenho. Se for pequena, o cuidado será menor, aumentando assim o risco. Se for excessiva, a reação será inibida.[1]

Nesse fragmento de *Fears, Phobias and Rituals*, o psiquiatra Isaac Marks, renomado pesquisador da Universidade de Londres, mostra-nos que é praticamente impossível viver sem medo. Basta pensar em um exemplo da vida cotidiana: o simples ato de atravessar a rua. É o medo de ser atropelado que faz com que alguém olhe de um lado para outro antes de atravessá-la. O medo deve, então, ser entendido como um atributo saudável, imprescindível e que protege o ser humano dos perigos que o cercam.

É possível imaginar alguém que não sinta medo ao ser assaltado? Ou que, indo mais além, resolva reagir? É provável que a maioria das pessoas, em tal situação, experimente o medo numa intensidade suficiente para inibir qualquer atitude, protegendo-se dessa forma de ser atingido por um tiro ou algo similar. Por outro lado, se o medo for excessivo, esse alguém poderá gritar ou tentar fugir, o que resultará em consequências tão ou mais danosas caso reagisse. O medo, portanto, deve estar presente em uma intensidade ideal. Nem mais nem menos.

Quando o medo é excessivo, ou quando ocorre em situações nas quais a maior parte das pessoas não o manifestaria, tornando-se exagerado ou irracional, ele passa a ser um medo anormal (patológico), podendo converter-se em um transtorno de ansiedade. Cabe aqui esclarecer que a ansiedade é uma emoção semelhante ao medo, mas emerge sem que haja um perigo real. Por exemplo, um inexplicável medo de morrer de uma doença grave, sem que a pessoa esteja de fato doente, caracteriza a ansiedade hipocondríaca. O pavor de borboletas, insetos absolutamente inofensivos, evidencia a ansiedade fóbica.

As principais características de um transtorno de ansiedade, de acordo com a classificação norte-americana,[2] são a presença de ansiedade e o comportamento de esquiva (evitação). Assim, pessoas portadoras de transtornos de ansiedade têm uma série de reações que podem ocorrer ao mesmo tempo ou em sequência. O medo exagerado pode adquirir a qualidade de terror, levando a pessoa a sair correndo do local onde se encontra, a se esconder ou, ainda, a chorar copiosamente. Vários sintomas físicos podem estar presentes, entre eles taquicardia ou "batedeira" no peito, falta de ar, tremores, tensão ou abalos musculares, tontura ou vertigem, suor excessivo, secura de boca e garganta, arrepios, ondas de frio e calor, urgência para urinar ou evacuar, formigamento nos membros, e sensação de fadiga. Sintomas psíquicos também ocorrem, como nervosismo, inquietação, dificuldade de concentração, irritabilidade, insegurança, sobressaltos, sensações de estranheza em relação a si mesmo ou ao ambiente e insônia.

Há estudos que mostram que os transtornos de ansiedade ocorrem com frequência surpreendentemente alta na população geral. É o caso do abrangente estudo realizado por Kessler e colaboradores,[3] nos Estados Unidos, que mostra que 25% das pessoas são acometidas por algum tipo de transtorno de ansiedade ao longo de suas vidas. Alguém poderia objetar que esse número é um exagero e que corresponde a um quarto da população mundial. Mas é um dado verdadeiro.

No entanto, muitas pessoas acometidas por transtornos ansiosos não procuram tratamento, e isso pode ser explicado, em parte, pelo fato de os transtornos mais frequentes na população serem as fobias. Entre elas, as de animais. O leitor pode então imaginar uma pessoa que vive na cidade de São Paulo e que tem fobia de cobras. Ela vai conseguir conviver pacificamente com a sua fobia desde que não faça passeios ou acampamentos no mato ou que não visite o Instituto Butantan. E é provável que jamais procure tratamento. Suponha agora que, em vez de fobia de cobras, essa pessoa tenha fobia de cães. Por certo seria muito mais difícil para ela conviver com o problema, uma vez que os cães estão em quase toda parte. Para os que vivem em uma cidade grande, é infinitamente mais fácil esquivar-se de cobras que de cães. E é no momento em que a pessoa não está mais conseguindo se esquivar do objeto ou situação fóbica (por exemplo, pombos, locais fechados, falar em público) que ela passa a ter necessidade maior de se tratar. Ou seja, quando o problema passa a interferir de modo constante e acentuado no seu dia a dia, acarretando prejuízo na sua vida profissional, social, ou mesmo conjugal.

O desenvolvimento da terapia comportamental permitiu que muitas pessoas que sofriam de transtornos de ansiedade, como pânico e fobias, pudessem ajudar a si mesmas por meio da aplicação de técnicas, muitas vezes simples, que visam à redução da ansiedade e dos sintomas físicos e psíquicos a ela associados. Orientadas por um terapeuta comportamental, essas pessoas executam uma série de tarefas ou exercícios em casa, cujo resultado prático é avaliado a cada semana por ambos, paciente e terapeuta. É fato, porém, que poucos conseguem ter acesso a um tratamento como esse, seja por limitações financeiras, excesso de demanda nas instituições que o fazem gratuitamente, falta de cobertura do plano de saúde na área da psiquiatria e da psicologia, ou apenas desconhecimento sobre esse tipo de tratamento; ou então porque estão conseguindo driblar o problema valendo-se da esquiva.

Um dos objetivos deste livro é fornecer informações sobre a natureza dos transtornos de ansiedade, uma vez que muitos dos que sofrem com esses problemas não têm sequer ideia do que se passa na mente nesses momentos. Outra intenção é propiciar uma alternativa aos que, por razões diversas, se encontram impossibilitados de fazer um tratamento adequado, oferecendo uma série de procedimentos na forma de tarefas ou exercícios, que serão descritos aqui. Por isso, a diretriz que assumirei nos próximos capítulos será muito mais prática que teórica. E, para justificar esse procedimento, mencionarei uma preocupação bastante comum das pessoas quando se aborda o tema das doenças mentais em geral, seja na literatura, seja nos consultórios de psiquiatria e psicologia. A questão quase invariavelmente é a mesma: "Mas, doutor, qual é a causa desse problema?". E a resposta mais honesta a oferecer é a de que, até a publicação desta edição, ainda não se sabe ao certo a causa (ou as causas) da maioria das doenças mentais. E aqui se incluem os transtornos ansiosos. Admite-se que uma predisposição genética possa ter um papel importante;[4] entretanto, a influência dos genes parece estar mais bem estabelecida até o momento para a doença maníaco-depressiva,[5] também conhecida como transtorno bipolar. É claro que existem possíveis causas dos transtornos de ansiedade. Por exemplo, na fobia de sangue-agulhas-injeção-ferimentos, observa-se que, em 67% dos casos, os parentes em primeiro grau de quem sofre desse tipo de fobia também são acometidos. Isso é sugestivo de que haja um componente genético na origem do transtorno, o que não ocorre com algumas outras fobias.

Existem muitas teorias sobre outras causas dos transtornos de ansiedade. A influência dos pais parece ser decisiva na manifestação da fobia social nos filhos. Assim, a ênfase excessiva na opinião alheia sobre como os filhos se comportam pode levar as crianças a se preocuparem de forma extrema com a avaliação negativa de outras pessoas, o que resulta muitas vezes em isolamento social devido ao medo de ser avaliado.

Outra possibilidade relacionada à causa é a modelação. Por exemplo, uma criança que observa sua mãe gritando e sapateando por causa de uma barata pode concluir que baratas são animais perigosos e desenvolver essa fobia. Outra provável causa são informações distorcidas passadas para as crianças. A avó de um paciente sempre dizia: "O aeroplano é uma verdadeira maravilha. Leva a gente para muitos lugares em algumas horas. Mas quando um deles cai, não sobra ninguém para contar a história". O que ela não sabia é que viajar de avião é muito mais seguro do que viajar de carro. E que esse é um dado estatístico cientificamente comprovado.

Bem, como eu havia dito, não vou me alongar demais na questão das causas dos transtornos de ansiedade. O tratamento vai ocupar a maior parte deste livro. Com frequência, a incompreensão das causas dos transtornos de ansiedade e também de outras doenças pode levar a pessoa acometida a ficar desolada. Isso pode ser explicado pelo mito de que, uma vez que se descubra a causa (conhecida como etiologia) de uma doença, ela estará curada, o que não é verdade. Vou citar um exemplo simples. No início da década de 1980 foi isolado o agente causador da aids, um vírus conhecido como HIV. Até hoje não existe a cura para essa doença, apesar de haver tratamento.

Por outro lado, a pressão alta (hipertensão arterial), doença comum que pode levar a consequências sérias, como derrames e problemas cardíacos, e que na grande maioria dos casos é de causa desconhecida, dispõe de tratamentos bastante eficazes. Um deles é uma dieta com pouco sal, um procedimento simples e eficiente. O mesmo ocorre com uma série de outras doenças cuja causa ainda não se conhece. Por essas razões, procurarei me deter pouco nessa questão, dando mais ênfase aos procedimentos utilizados no tratamento dos transtornos ansiosos.

Chegará o dia, e todos nós esperamos por isso, em que as causas das doenças estarão bem determinadas e que o esforço da medicina estará mais voltado para a sua prevenção que para o seu tratamento. Já imaginou se houvesse vacinas contra doenças mentais? Entretanto, o que temos até o presente são tratamentos. E muitos deles se revelam eficazes, levando o indivíduo a desenvolver uma espécie de imunidade psíquica. Espera-se também que, em um futuro próximo, as pessoas possam dirigir-se a um consultório psiquiátrico ou psicológico sem a preocupação de que os outros saibam e as taxem de loucas, piradas, tantãs, entre outros termos pejorativos, e também para fazer uma profilaxia (prevenção) de problemas mentais.

É importante salientar que em alguns tipos de transtornos, como veremos adiante, o tratamento com medicamentos torna-se imprescindível. Além disso, os transtornos ansiosos podem estar sobrepostos entre si e a outros tipos de transtornos mentais, como depressão, alcoolismo e abuso ou dependência de drogas, caracterizando o que chamamos de comorbidades. Nessas situações, o mais indicado é o acompanhamento com um psiquiatra.

Quando menciono termos como "comportamental" e "cognitiva", penso que seja útil dar uma breve explicação, pois o leitor pode estar se perguntando o que vem a ser isso.

A terapia comportamental faz uso de princípios de aprendizagem estabelecidos experimentalmente para enfraquecer e eliminar hábitos inapropriados e desadaptados.[6]

Até o fim da década de 1970, a abordagem comportamental foi considerada a mais "problemática" das psicoterapias, recebendo inúmeras críticas não fundamentadas, como a de substituir sintomas, de ser mecanicista e superficial. Psicoterapeutas de orientação psicanalítica defendem o ponto de vista da substituição de sintomas, argumentando que, ao se extinguir um comportamento fóbico, outro surgirá em seu lugar, o que até hoje não foi comprovado cientificamente.

Para Marks, a terapia comportamental consiste em uma variedade de métodos terapêuticos cujo alvo é a mudança do comportamento anormal.[7] De acordo com o autor, uma das principais técnicas empregadas é a exposição, que consiste em persuadir a pessoa a entrar em contato com o que é temido ou evitado até que o medo ou a esquiva diminuam de intensidade.[8] Isso pode ser traduzido pelo enfrentamento sistemático das situações que geram ansiedade.

A terapia cognitiva é uma abordagem usada em vários tipos de transtornos mentais. Os procedimentos aplicados visam auxiliar o paciente a identificar os pensamentos distorcidos (cognições), a averiguá-los na própria realidade e a corrigi-los com um objetivo de maior magnitude: a mudança das crenças disfuncionais que se encontram subjacentes a essas cognições.[9]

Por exemplo, um jovem que tenha fobia social, ao ver uma moça sorrindo para ele em uma situação de flerte, poderá pensar: "Ela está rindo porque deve estar me achando ridículo". Isso poderá levá-lo a evitar uma aproximação. Essa cognição deve ter ligação com alguma crença disfuncional mais profunda e arraigada, como "Ninguém gosta de mim". Ora, se existe tal crença, fica difícil para ele interpretar um sorriso como um evento positivo, amistoso, já que isso vai contra o que carrega dentro de si. Seria quase impossível pensar: "Ela gostou de mim". Nesse exemplo, o objetivo imediato seria identificar a cognição e questionar sua validade em termos da realidade. Em outras palavras, averiguar se é um pensamento verdadeiro (não costuma ser) e, a partir daí, encontrar alternativas de pensamentos mais próximos da realidade que poderiam mudar seu comportamento, levando-o, por exemplo, a se aproximar da moça.

Gostaria de esclarecer que a terapia comportamental e a terapia cognitiva são frequentemente aplicadas em conjunto, daí a expressão "terapia cognitivo-comportamental".

* * *

Nos capítulos seguintes descreverei os quadros clínicos e correlatos dos principais transtornos de ansiedade e citarei exemplos. Explicarei também, de forma prática e objetiva, como fazer uso de algumas técnicas de terapia cognitivo-comportamental, procurando tornar esta leitura proveitosa.

Na seção "Autoavaliação" encontram-se algumas escalas desenvolvidas ao longo de minha carreira como médico e mestre em psiquiatria, as quais servem como guia para identificar os sintomas de transtornos de ansiedade, de modo a auxiliar na avaliação do tipo e da gravidade. Ainda, será possível comparar o antes e depois da aplicação das técnicas descritas adiante — junto a acompanhamento profissional, se factível.

2. O terror sem motivo

Certa vez, um jovem de 21 anos dirigia em uma estrada quando começou a se sentir mal. A princípio, experimentou certa inquietação acompanhada de desconforto gástrico e sensação de insegurança. Depois, sentiu o pulso acelerado e vários outros sintomas, que foram descritos por ele com propriedade e denominados "A Coisa":

> Em um segundo todos os sintomas se multiplicaram e se intensificaram. Entrei num estado de terror absoluto. Comecei a tremer freneticamente, dos pés aos dentes. O suor escorria pelo rosto e ensopava as mãos. A boca estava insuportavelmente seca. A taquicardia atingia níveis assustadores. Eu não entendia como ainda não desmaiara. Jamais sentira algo semelhante, nunca imaginei que tal terror fosse possível. Eu só queria fugir [...].

Esse quadro foi descrito por Gugu Keller, em seu livro *Síndrome do pânico*.[1] Portador do transtorno de pânico, ele ainda descreve outras sensações, como "batedeira" no peito, falta de ar, desespero, pensamentos catastróficos, a certeza de estar tendo um enfarte e medo, muito medo.

QUADRO CLÍNICO

De acordo com o *Manual diagnóstico e estatístico de transtornos mentais*, mais conhecido pela sigla em inglês, DSM, o transtorno de pânico é caracterizado por ataques de pânico inesperados e repetidos acerca dos quais o indivíduo se sente constantemente preocupado.

Um ataque de pânico é um período inconfundível de intenso temor ou desconforto, no qual quatro (ou mais) dos seguintes sintomas se desenvolvem de modo abrupto e alcançam um pico em dez minutos:

- palpitações ou ritmo cardíaco acelerado;
- suor excessivo;
- tremor;
- sensação de falta de ar ou sufocamento;
- sensação de aperto na garganta;
- dor ou desconforto no peito;
- náusea ou desconforto abdominal;
- sensação de tontura, instabilidade, vertigem ou desmaio;
- sensação de irrealidade ou de estar distante de si mesmo;
- medo de perder o controle ou enlouquecer;
- medo de morrer;
- anestesia ou sensação de formigamento;
- calafrios ou ondas de calor.

O transtorno de pânico, embora ocorra com menor frequência do que outros transtornos de ansiedade, é o que mais comumente leva as pessoas a procurarem tratamento. Pessoas do sexo feminino são mais acometidas e, ao contrário do que se poderia esperar, ocorre com igual frequência nos grandes centros urbanos e no campo.[2] Portanto, a ideia de que a vida agitada de cidades como São Paulo e Rio de Janeiro provoca pânico não passa de um mito.

Um ataque de pânico nada mais é do que uma crise aguda de ansiedade. E se uma pessoa sofre um ataque de pânico isolado não significa que seja portadora do transtorno de pânico. Algumas condições, como estresse no trabalho e consumo de drogas e/ou cafeína, podem eventualmente desencadear ataques de pânico.

Entretanto, se esses ataques se tornarem repetitivos e forem seguidos de preocupação persistente acerca de ter um novo ou de suas consequências — como ter um enfarte, um derrame ou um surto de loucura —, o diagnóstico de transtorno de pânico poderá ser feito, desde que eles não sejam causados por uma doença física (hipertireoidismo, por exemplo).

É importante mencionar que os ataques de pânico devem ser espontâneos, isto é, "vindos do nada", e não relacionados a objetos e situações particulares, o que é mais característico das fobias. Ainda assim, é frequente a associação do transtorno de pânico com um tipo especial de fobia: a agorafobia.*

Percebe-se que o diagnóstico de transtorno de pânico não é tão simples de ser feito, uma vez que, mesmo preenchidos os critérios para ataques de pânico e que estes sejam inesperados e repetitivos, é preciso que seja afastada a possibilidade de estarem sendo determinados por uma doença física ou outro transtorno de ansiedade. É necessário então que o diagnóstico seja realiza-

---

* A agorafobia é um tipo de fobia generalizada que frequentemente sucede o pânico. Esse tema será abordado no próximo capítulo.

do por um médico, de preferência um psiquiatra, embora bons clínicos gerais e de outras especialidades também possam fazê-lo.

Infelizmente, o rumo dos eventos nem sempre é esse. Muitas pessoas com pânico* fazem verdadeiras peregrinações por consultórios médicos, realizam uma série de exames e não recebem o diagnóstico correto.

O próprio Gugu Keller conta em seu livro que, depois de passar por uma consulta clínica, ouviu do médico a categórica frase: "Rapaz, você está ótimo. Não tem nada" — o que, seguramente, não era verdade. O fato de não serem encontradas anormalidades nos exames clínicos e complementares não significa que não haja nada. Significa apenas que ainda não dispomos de recursos laboratoriais refinados o bastante para detectar a presença do pânico. A verdade é que os instrumentos de que a medicina dispõe ainda estão longe do ideal. Não custa lembrar que há pessoas que têm convulsões e apresentam um traçado eletroencefalográfico sem anormalidades, o que não seria de se esperar.

Uma vez que o diagnóstico tenha sido feito por um médico; ou se você, leitor, tem tido ataques de pânico inesperados e repetidos, já passou por várias consultas, fez exames como o eletrocardiograma e nada foi constatado, ou ouviu de algum médico que é neurótico, está com mania de doença, "frescura" ou "piripaque", é provável que você tenha pânico. E agora? O que fazer?

TRATAMENTO MEDICAMENTOSO

Você pode procurar um psiquiatra e tratar o problema. Psiquiatras, porém, cobram caro, o que pode tornar o tratamento inviável. O convênio talvez tenha um bom psiquiatra. Mas se o seu

---

* Por ser mais simples, passarei a me referir dessa forma ao transtorno de pânico.

não dispuser de cobertura para psiquiatria, a solução pode ser procurar o hospital de uma faculdade de medicina da sua cidade ou de uma cidade próxima, embora poucos possam dispor desse recurso. E então, quando você for marcar a consulta, pode descobrir que só será atendido depois de ficar vários meses em uma fila de espera. "Até lá, terei morrido de pânico", é possível que pense. Eu digo que não. Ninguém morre de pânico. As pessoas morrem em consequência de acidentes automobilísticos, atropelamentos, doenças físicas graves, mas não de pânico. Portanto, se você tiver um pouco de paciência, vai valer a pena aguardar uma consulta. As chances de você ser bem atendido em um hospital-escola são excelentes. É provável que o tratamento seja basicamente medicamentoso, podendo estar associado a algum tipo de psicoterapia.

Entre os medicamentos usados no tratamento do pânico, os antidepressivos são considerados hoje os de primeira escolha. Drogas como a clomipramina, a paroxetina, a sertralina e o escitalopram têm eficácia comprovada no controle dos ataques de pânico.[3] A venlafaxina também pode ser uma boa alternativa caso as anteriores não deem resultados satisfatórios.

O tratamento se inicia com doses baixas que são ajustadas gradualmente até a melhora dos sintomas. Uma resposta antagônica pode ocorrer, isto é, uma piora inicial dos sintomas, mas seguida de melhora. Alguns têm dificuldade para tolerar esse período de piora inicial, sendo às vezes necessária a associação de um tranquilizante da classe dos benzodiazepínicos, como o clonazepam ou alprazolam, durante os primeiros dias de tratamento.

A melhora costuma ocorrer em poucas semanas, ficando o paciente livre dos ataques. Uma vez obtido esse controle, o antidepressivo é mantido geralmente por um ano. É claro que o procedimento pode variar, mas no Ambulatório de Ansiedade do Instituto de Psiquiatria do Hospital das Clínicas da Faculdade de Medicina da Universidade de São Paulo (Amban do IPq-HCFMUSP), no qual fui realizador de projetos na área da ansiedade e dou aulas em um curso de especialização,* essa é a conduta adotada. Efeitos colaterais podem ocorrer, mas costumam melhorar com o tempo.

Aliás, ao contrário do que muitos supõem, os antidepressivos não causam dependência química. Pode-se até falar em dependência no mesmo sentido da que uma pessoa com uma infecção bacteriana depende de antibiótico, ou um diabético, de insulina, mas não se trata de dependência química, como a gerada pelo crack. Depois de seis meses a um ano de tratamento, o antidepressivo é gradualmente descontinuado e os pacientes permanecem bem.

Há estudos que evidenciam bons resultados. O problema da maioria desses estudos é que eles conduzem a análise dos pacientes por um curto período após a retirada da medicação. Uma pesquisa realizada no Amban, que acompanhou pacientes com pânico durante três anos após a retirada do antidepressivo, mostrou que muitos deles tiveram recaídas; alguns, em poucas semanas, e outros, vários meses após a suspensão da medicação.[4] Esses resultados indicam que, se houver recaída, o antidepressivo deverá ser reintroduzido por tempo indeterminado, o que para muitos pacientes é difícil de aceitar, sendo uma das causas de abandono do tratamento.

> **AVISO**
>
> Não tome os medicamentos mencionados neste livro por conta própria. Eles devem ser prescritos somente por médicos, que podem avaliar seu benefício e os potenciais riscos.

---

* Especialização em terapia comportamental e cognitiva em saúde mental, do Programa Ansiedade (Amban) do HCFMUSP.

UMA ALTERNATIVA SEM QUÍMICA

Há pessoas que não querem fazer uso de medicamentos, e outras que, em razão dos efeitos colaterais, não continuam a tomá-los. Há também aqueles que, apesar de se beneficiarem com o tratamento, não aceitam a ideia de ter que tomar um remédio para permanecerem bem, sobretudo se não houver um prazo preestabelecido para a sua retirada. Além disso, circunstâncias particulares, como gravidez, aleitamento e algumas doenças físicas, podem restringir ou mesmo contraindicar o uso de antidepressivos. Também há quem busque por alternativa sem química, para complementar o tratamento medicamentoso.

Em todos esses casos, as técnicas comportamentais e cognitivas podem ser de grande valia. Mas, antes de entrar no mérito da questão, gostaria de lembrar que o tratamento medicamentoso não inviabiliza o uso desses procedimentos. Pelo contrário, a associação de antidepressivos e terapia cognitivo-comportamental parece reduzir o percentual de recaídas ao longo do tempo.[5] O problema, conforme citei há pouco, é que nem todas as pessoas têm acesso a um tratamento nos moldes ideais. Bem, se esse for o seu caso, leitor, penso que o que tenho a dizer daqui por diante poderá ajudá-lo. E muito.

Encarando o problema: autoexposição

Em seu livro *Fears, Phobias and Rituals*, Marks menciona uma série de estudos sobre a autoexposição e sua eficácia. Trata-se de uma técnica simples: o paciente deve, por si só, enfrentar gradualmente as situações que lhe causam medo e desconforto ou as que são evitadas por ele. A princípio, isso pode parecer absurdo, mas a ideia encontrou respaldo científico em um estudo realizado com 71 pacientes portadores de diversos tipos de fobias. Eles receberam instruções para realizar a autoexposição e foram divididos em três grupos diferentes. O primeiro recebeu instruções de um psiquiatra, o segundo, de um computador, e o terceiro, de um livro. As instruções eram as mesmas para os três grupos, isto é, os pacientes deveriam se expor às situações temidas ou evitadas com frequência elevada e por tempo prolongado até que a ansiedade diminuísse. O resultado, até certo ponto surpreendente, foi que a autoexposição foi igualmente eficaz no alívio dos sintomas fóbicos nos três grupos.[6]

Esse estudo, a meu ver, tem implicações importantes. A primeira delas é que pode significar uma enorme economia em gastos com psicoterapia pela redução do tempo consumido no contato terapeuta/paciente. A segunda é a viabilidade da exposição por meio da biblioterapia, isto é, de livros e manuais com orientações específicas, o que prescinde da terapia nos moldes tradicionais e amplia o acesso à técnica.

É claro que em várias circunstâncias é essencial a presença de um profissional, como no tratamento medicamentoso da depressão ou quando coexiste com mais de um transtorno. No entanto, afastadas essas circunstâncias, um grande número de pessoas com transtornos de ansiedade pode se beneficiar com esse tipo de tratamento.

Exposição a estímulos internos: o ponto de vista racional

O tratamento das fobias consiste sobretudo na exposição a situações ou objetos temidos ou evitados. No caso do pânico, isso se torna um pouco mais complicado, já que não existe uma situação ou objeto particular que desencadeie os sintomas, a não ser que a agorafobia esteja associada. Nesse sentido, aqueles que têm pânico, espontâneos ou em situações agorafóbicas, podem ser beneficiados pela exposição a estímulos internos, ou exposição interoceptiva.[7]

Imagine agora que você, leitor, tenha pânico. É possível que esteja tendo ataques diários, vários por semana, ou mesmo vários por dia. Vale lembrar alguns dos sintomas que ocorrem em um ataque de pânico, agora em uma moldura:

> Taquicardia
> Falta de ar
> Boca seca
> Tontura
> Formigamento nas mãos
> Suor excessivo
> Tremor
> Ondas de calor
> Sensação de estranheza
> Medo

Seria terrível sentir todos esses sintomas, ou boa parte deles, de uma só vez. Mas como seria se você tivesse apenas um ou dois dos sintomas relacionados no quadro? E se eles tivessem duração bem menor que os de um ataque de pânico e também fossem mais brandos? Posso afirmar que seria bem melhor.

Pois bem, a ideia da exposição a estímulos internos é basicamente decompor um ataque de pânico em vários módulos, cada qual com um ou dois sintomas que serão experimentados com intensidade e duração bem menor, como se fosse um miniataque de pânico. Para isso, um dos exercícios que proponho, por exemplo, é balançar a cabeça de um lado para o outro rapidamente, com o objetivo de produzir tontura. Se você fizer esse exercício, é bem provável que tenha um miniataque de pânico, assim constituído:

> Tontura
> Medo

Agora observe os sintomas desse ataque e compare-os com os da moldura anterior, lembrando ainda que a intensidade da tontura e do medo será bem menor no miniataque provocado pelo exercício. Não fica mais fácil?

Nesse momento, é possível que você queira me fazer a seguinte pergunta: "Por que tenho que sentir essas coisas se o que mais desejo é me livrar delas?". Vou responder dizendo que, para se livrar do medo, você vai ter que senti-lo, ainda que de maneira mais leve ou atenuada. Dessa forma, ocorrerá o que denominamos *habituação*. Vou usar o modelo médico da vacina para facilitar a compreensão. Uma vacina nada mais é do que a inoculação de um microrganismo enfraquecido (atenuado) em um ser humano. Por exemplo, a vacina contra a poliomielite ou contra a paralisia infantil consiste em fazer a criança ter contato com uma forma atenuada do vírus. Esses vírus enfraquecidos estimulam o organismo a fabricar anticorpos que o defenderão contra possíveis contatos futuros com novos vírus, tornando o corpo imune. Os exercícios de exposição podem ser vistos, então, como doses de vacina contra o pânico, que o levarão a habituar-se aos sintomas. Você poderá até senti-los, mas eles não terão mais a característica de terror do pânico.

Se você estiver convencido, o próximo passo será praticar os exercícios. Quero apenas advertir que motivação e dedicação são fundamentais para um resultado positivo. Se fizer os exercícios uma única vez e depois reclamar que não resolveram o seu problema, vou solicitar que leia novamente com atenção o trecho deste capítulo em que falo sobre encarar o problema. Nunca é demais lembrar que, para dar resultados, a exposição deve ser *repetida* e *prolongada*. Isso quer dizer que os exercícios devem ser feitos diariamente, sem pressa. No caso do pânico, a duração não é tão prolongada. Os exercícios de exposição interoceptiva deverão tomar cerca de vinte minutos de seu tempo. Então, vamos a eles.

Sentado em uma cadeira ou poltrona, a primeira coisa que deve ser aprendida é uma técnica de controle da respiração, que será usada em duas situações:

- **Primeira situação**: Quando tiver um ataque de pânico. Ao perceber que o ataque está se iniciando e ganhando corpo, você imediatamente procurará respirar da forma que será descrita a seguir.
- **Segunda situação**: Entre cada um dos exercícios que mencionarei.

Aprendendo a respirar

Depois de realizar cada um dos exercícios, você deverá inspirar o ar pelo nariz, devagar, realizando a respiração abdominal — isto é, o ar vai para a barriga, e não para o tórax —, e soltar o ar mais lentamente ainda pela boca. O ideal é que você inspire em três tempos e solte o ar em três tempos, ou seja, contando até três. Não utilize grande quantidade de ar. Apenas respire devagar e suavemente. Se estiver com dificuldade para realizar a respiração abdominal, espalme as mãos sobre seu abdome e, ao inspirar o ar, observe se suas mãos se movem. São elas e seu abdome que devem se mover para a frente, e não seu tórax.

É muito importante aprender essa técnica, porque, durante uma crise de pânico, a pessoa sente falta de ar e respira de forma rápida e profunda. O fenômeno é conhecido como hiperventilação e resulta em desequilíbrio entre as quantidades de oxigênio e gás carbônico dentro do organismo. Ao hiperventilar, ocorre a diminuição do gás carbônico e o aumento relativo do oxigênio no sangue, e essa alteração química causa sintomas como tontura, sensação de desmaio, estranheza e formigamento nos membros.

Essa técnica de controle da respiração é conhecida há mais de dez anos.[8] Por isso, costumo dizer que, se você puder controlar a respiração, terá boa parte dos sintomas do ataque de pânico sob controle.

Mais cinco exercícios[9]

Depois de aprender a respirar, você pode iniciar os exercícios de exposição interoceptiva que estão explicados a seguir. Nunca faça esses exercícios *durante* um ataque de pânico.

Exercício nº 1
Sentado em uma cadeira ou poltrona, balance depressa a cabeça de um lado para outro, como se estivesse expressando "não". Procure fazer um giro amplo de cabeça e mantenha os olhos sempre abertos.
Duração do exercício: trinta segundos.
Pós-exercício: A seguir, inicie imediatamente o controle da respiração até que a tontura passe.

Repetição: Faça esse exercício por mais duas vezes e vá para o segundo exercício.

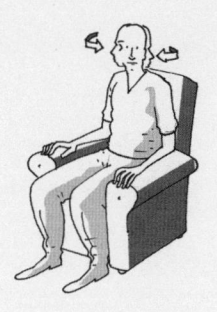

Exercício nº 2
Sentado na cadeira, incline o tronco para a frente, deixando-o repousar sobre as coxas (se possível) e soltando os braços para baixo. Deixe que suas mãos toquem o chão, mas evite ter uma lombalgia por forçar em excesso o movimento de flexão.
Duração do exercício: trinta segundos.
Pós-exercício: Imediatamente erga o tronco, retornando à posição original. Faça o controle da respiração até que volte a se sentir bem.
Repetição: Faça o exercício mais duas vezes.
Obs.: Poucas pessoas sentem mais do que uma discreta vertigem com esse exercício.

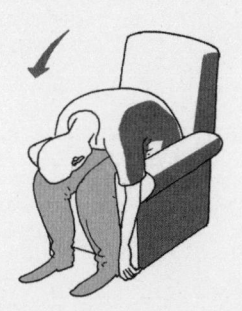

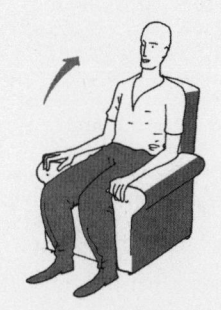

Exercício nº 3
Fique de pé e simule movimento de corrida sem sair do lugar, de modo acelerado. Ou suba e desça um lance de escada, sem correr. Seja qual for o exercício escolhido, o importante é que ele produza algum grau de taquicardia e falta de ar.
Duração do exercício: um minuto (corrida); três ou quatro minutos (escada); tempo maior ou de forma mais intensa (outras opções).
Pós-exercício: Retorne ao controle da respiração e não se preocupe se tiver dificuldade para obtê-lo. Lembre-se de que você se exercitou e está com falta de ar. Aos poucos seu ritmo respiratório voltará ao normal, bem como as batidas de seu coração.
Repetição: Faça o exercício mais duas vezes.

Exercício nº 4
Pegue uma cadeira e coloque-a no centro da sala, longe de objetos e quinas. Caminhe rapidamente ou corra ao redor dela. Use uma das mãos ou os dedos sobre a borda da cadeira, de modo a guiá-lo nesse movimento circular.
Duração do exercício: Um minuto.
Pós-exercício: Sente-se na cadeira. O exercício deverá provocar tontura giratória. Controle a respiração até que o desconforto passe.

Repetição: Faça o exercício mais duas vezes.

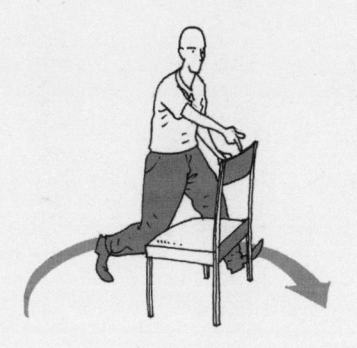

Exercício nº 5
Sentado na cadeira, respire rápida e profundamente com a boca aberta e usando o tórax.
Duração do exercício: trinta segundos.
Pós-exercício: Controle a respiração logo a seguir.
Repetição: Faça o exercício mais duas vezes.
Obs.: Este exercício é o de hiperventilação e deverá provocar estranheza, tontura e formigamento nas mãos. Se não ocorrer nenhum sintoma, aumente o tempo para um minuto ou respire mais rápido, com maior profundidade.

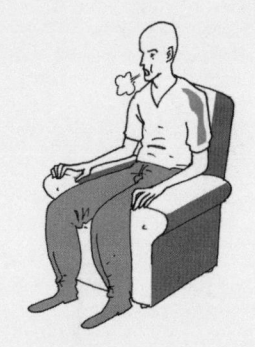

É possível que você pergunte: "Posso fazer um exercício pela manhã, dois à tarde e dois à noite?". A resposta é "não". Isso não deve ser feito, pois os exercícios são encadeados uns com os outros. Além disso, é importante o tempo total de exposição e a ansiedade desencadeada durante esse tempo.

Faça uma espécie de diário, anotando em um caderno ou bloco a ansiedade (desconforto) que sentiu com os exercícios, atribuindo uma nota de zero a dez a cada um deles. Você pode utilizar a escala a seguir para atribuir suas notas:

0	1, 2, 3	4, 5, 6	7, 8, 9	10
Ausente	Leve	Moderada	Intensa	Pânico

Anote no caderno a data, os exercícios que foram feitos e a ansiedade experimentada antes e imediatamente depois de cada exercício, conforme ilustra o exemplo a seguir:

DATA	EXERCÍCIO	ANSIEDADE ANTES	ANSIEDADE DEPOIS
10/3	nº 1	3	6
10/3	nº 2	0	3
10/3	nº 3	4	7
10/3	nº 4	4	8
10/3	nº 5	3	7

Como mencionei há pouco, se os exercícios não estiverem produzindo nenhuma ansiedade, sua intensidade e duração deverão ser aumentadas, ou outros exercícios poderão ser acrescentados, e cada um deles deverá ser repetido por três vezes.

- Girar ao redor do próprio corpo (como fazem as crianças ao brincar).

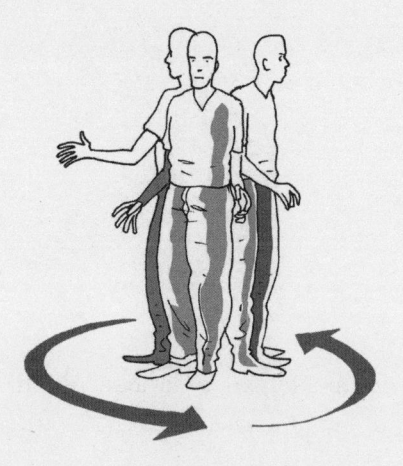

- Prender a respiração por trinta segundos.

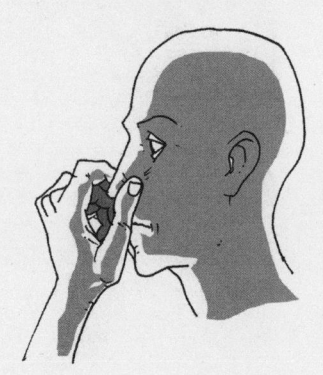

- Respirar por um canudo durante dois minutos.

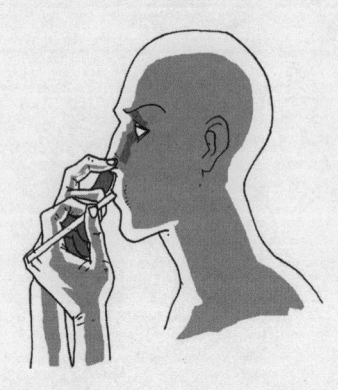

- Olhar fixamente para a claridade do dia ou para uma luz forte por um minuto e em seguida ler algo.

Por outro lado, se as sensações provocadas por algum exercício forem tão intensas quanto as de um ataque de pânico ou se os sintomas de ansiedade forem acentuados a ponto de impedi-lo de fazer algum exercício, diminua a intensidade. Por exemplo, se o exercício nº 5 (hiperventilação) estiver provocando ansiedade muito intensa, diminua um pouco a velocidade ou a profundidade dos movimentos de inspirar e expirar, ou faça-o por apenas trinta segundos. Se mesmo assim estiver difícil, adie sua realização por alguns dias, substituindo-a por outra, e depois tente novamente. Só não deixe de fazê-lo. Lembre-se de que se esquivar é pegar a contramão do tratamento. Mais cedo ou mais tarde você voltará a colidir com o problema.

Procure fazer os exercícios diariamente e registre por escrito as notas dadas à ansiedade em cada um deles. Observe se ocorre a diminuição delas. Após dez semanas, compare as notas do primeiro dia com as dos últimos. Note também se a frequência e a intensidade dos ataques de pânico diminuíram, registrando no caderno cada vez que isso ocorrer.

Ao término das dez semanas, é de se esperar que tenha havido diminuição na frequência e na intensidade dos ataques de pânico, ou mesmo sua extinção. Isso não significa que você esteja curado, e sim que tem os sintomas sob controle. Aliás, esta é uma das vantagens de se fazer a exposição: é você quem adquire um instrumento que o torna capaz de controlar suas crises, em vez de contar apenas com um medicamento.

Se estiver fazendo os exercícios regularmente e mesmo assim não observar melhora, faça cada um deles duas ou mais vezes seguidas, sempre utilizando o controle da respiração. Com isso, você aumentará o tempo de exposição.

S., um jovem que participou de um estudo realizado no Amban,[10] foi tratado por mim com exposição interoceptiva e apresentou boa evolução do quadro, o que pode ser observado ao se comparar as notas dadas para a ansiedade que sentia no início e no fim do tratamento:

DATA	EXERCÍCIO	ANSIEDADE ANTES	ANSIEDADE DEPOIS
27/7	nº 1	0	3
27/7	nº 2	0	2
27/7	nº 3	1	5
27/7	nº 4	1	4
27/7	nº 5	2	7

DATA	EXERCÍCIO	ANSIEDADE ANTES	ANSIEDADE DEPOIS
29/9	nº 1	0	1
29/9	nº 2	0	0
29/9	nº 3	0	0
29/9	nº 4	0	2
29/9	nº 5	0	2

S., que havia interrompido várias de suas atividades, como jogar futebol e dançar, por causa do pânico, voltou a realizá-las após o tratamento, embora ainda sentisse leve receio.

Outro caso que gostaria de mencionar é o de L., um homem de 36 anos que me procurou no consultório, pois tinha medo de morrer de enfarte. O quadro se iniciou com uma crise em que ele acordou ofegante, com os braços formigando, o coração disparado e a sensação de estar tendo uma parada cardíaca. L. foi a um médico, fez eletrocardiograma, e nada foi constatado. Mas as crises se repetiram, o que o levou a procurar ajuda no pronto-socorro.

Uma nova investigação, dessa vez detalhada, constatou prolapso da válvula mitral, o que não causa ataques de pânico. Além disso, a pressão arterial de L. ficava elevada por ocasião das crises, embora não fosse uma pessoa hipertensa. Ele chegou a tomar 75 miligramas de clomipramina por dia, com melhora dos sintomas, mas, quando a dose foi reduzida, o quadro recrudesceu.

Quando se consultou comigo, ele estava tendo ataques de pânico duas vezes por semana, que duravam alguns minutos e se caracterizavam por "batedeira" no peito, formigamento nas mãos, zonzeira, sensação de desmaio, frio e medo. Embora não evitasse nenhuma situação, L. sentia-se mal ao atravessar túneis e quando passava diante de hospitais, o que desencadeava o medo de ter um enfarte.

Fiz o diagnóstico de transtorno de pânico e orientei o paciente a fazer diariamente os exercícios de exposição interoceptiva.

Algum tempo depois, quando retornou para uma nova consulta, apresentou grande melhora, porém não havia conseguido fazer o exercício de correr em volta da cadeira, pois lhe causava enjoo, e o de simular movimentos de corrida sem sair do lugar, pelo medo de enfartar. Insisti para que fizesse todos os exercícios.

Semanas mais tarde, L. me telefonou e estava muito satisfeito por não apresentar mais sintomas. Não tive mais notícias dele, mas acredito que esteja bem.

Portanto, se os exemplos de S. e L. servirem para você, leitor, mãos à obra. E sucesso!

CORRIGINDO DISTORÇÕES

Pessoas ansiosas percebem eventos comuns como extremamente ameaçadores, quando na verdade não são. Um de seus maiores problemas é a auto-observação excessiva. Assim, reações normais do organismo, isto é, fisiológicas, passam a ser temidas.[11]

Quando alguém passa a se observar de modo excessivo, prestando atenção às mínimas alterações que se processam em seu organismo, um círculo vicioso é criado. Por exemplo, uma pessoa com pânico pode interpretar o aumento em sua frequência cardíaca por um motivo qualquer — subir uma escada, emocionar-se com um filme ou mesmo ter uma relação sexual — como sinal de que algo não vai bem. Essa ideia vai gerar medo de, por exemplo, ter um enfarte, o que, por sua vez, aumentará ainda mais a frequência cardíaca, gerando mais medo.

De acordo com um modelo cognitivo desenvolvido por Clark para explicar os ataques de pânico,[12] quando um estímulo interno (taquicardia) ou externo (lugar cheio) é percebido como ameaçador ou perigoso, ocorre medo e apreensão, que, por sua vez, levam a uma série de sensações físicas interpretadas de modo catastrófico — por exemplo, "Estou tendo uma parada cardíaca!". O medo e a apreensão intensificam as sensações físicas e... pronto! O pânico está instalado!

Há trabalhos que defendem que a reação de alarme nas pessoas que sofrem de pânico se deve a uma maior vulnerabilidade biológica, associada a eventos de vida estressantes. Trata-se de um falso alarme, já que sua ativação não ocorre em razão de um perigo real.[13] Assim, sensações físicas usuais são interpretadas como bombásticas.

Lembro-me bem de uma paciente com pânico que, durante uma exposição de animais, notou um embaçamento na visão e, concluindo que era um derrame, procurou imediatamente o pronto-socorro. Este é um dos típicos exemplos de falso alarme disparado.

Outra linha de pensamento, a racional-emotiva,[14] afirma que a apreensão ansiosa decorre da hipervigilância e da preocupação com os sinais de futuros ataques de pânico. O horror de ter um novo ataque parece relacionado a uma preocupação irracional em relação a suas consequências, ou mesmo ao puro desconforto de ter um ataque de pânico.

Como vimos anteriormente, a exposição interoceptiva visa ao alívio dos sintomas do pânico com a habituação aos sintomas decorrentes deles. As técnicas cognitivas se ocupam em identificar essas distorções da realidade — tais como "vou morrer", "estou tendo um enfarte", "estou tendo um surto" —, descobrindo caminhos para corrigi-las.

Apesar de o pânico poder estar associado a algumas doenças físicas, como labirintite e hipertireoidismo, nada consta em relação a enfarte ou AVC (derrame). Também desconheço casos de pessoas com pânico que tenham sido internadas em hospitais psiquiátricos.

Aliás, muito se tem falado sobre a associação entre prolapso da válvula mitral e pânico. Ocorre, porém, que aqueles que têm pânico procuram o clínico com queixas cardíacas com frequência bem maior que a população geral. Por isso o prolapso, com minuciosa investigação cardiológica, é mais diagnosticado entre eles. Além disso, é um achado sem significado clínico relevante, isto é, não causa nenhum problema na vida das pessoas.

Portadores de pânico superestimam a probabilidade de seus ataques resultarem em situações perigosas. Desmaiar, perder o controle ou morrer são medos frequentemente relatados por eles e que podem ser modificados.

M., uma paciente minha, expôs um de seus temores durante uma consulta.

Paciente: — E se eu desmaiar quando estiver indo para o trabalho?
Terapeuta: — Por que você acha que aconteceria isso?
Paciente: — Porque eu me sinto muito mal.
Terapeuta: — Quantas vezes a ideia de desmaiar já passou por sua cabeça?
Paciente: — Milhares de vezes, eu acho.
Terapeuta: — E quantas vezes você de fato desmaiou?
Paciente: — Nenhuma.
Terapeuta: — Então quais as evidências que você tem de que isso de fato vai acontecer?
Paciente: — Não sei. Acho que não tenho.
Terapeuta: — Toda vez que você tiver medo de desmaiar, consegue se perguntar quantas vezes já desmaiou e por que desmaiaria dessa vez?
Paciente: — Acho que sim.

O que procurei fazer nessa situação foi fornecer à paciente dados de realidade que a ajudassem a transformar sua convicção de que desmaiaria em uma possibilidade remota.

Evidentemente, a correção dessa distorção de pensamento ocorre com maior facilidade e mais depressa no contato com um terapeuta. Entretanto, nada impede que você mesmo possa intervir no curso e no conteúdo de suas cognições negativas.

Pondo o medo em seu devido lugar

Para Beck e Emery,[15] um dos pontos cruciais para corrigir as cognições é a identificação e o manejo dos pensamentos automáticos, que ocorrem de modo peculiar na mente das pessoas ansiosas. Os pensamentos automáticos podem surgir como imagens (fantasias) ou como pensamentos propriamente ditos, passando em uma sequência rápida pela mente. Muitas vezes seu conteúdo é percebido de forma pouco clara, por causa da velocidade com que se processam, daí a expressão "pensamento automático". O mais importante, contudo, é que os pensamentos automáticos são aceitos como fatos ou verdades pela pessoa. Assim, se ela tiver pânico e pensar que vai morrer quando tiver outro ataque, ou visualizar uma imagem de si mesma sendo ressuscitada em uma maca de pronto-socorro, seu grau de convicção em relação a essa possibilidade se transformará em uma quase certeza, desenvolvendo, comumente, ansiedade antecipatória. Nesse caso, vários pensamentos ou imagens podem surgir, entre eles:

- "Vou morrer";
- "Vou ter um ataque cardíaco";
- "Vou ter um derrame";
- "Vou ter um surto";
- "Vou desmaiar";
- "Sou fraco";
- "Vou perder o controle e bater o carro";
- "Não posso praticar esportes porque posso morrer";
- "Tenho que ser capaz de controlar tudo";
- "Não posso me emocionar ou chorar para não perder o controle";
- "Se eu não dormir, vou enlouquecer";
- "Não posso ficar sozinho".

Na verdade, há muitas combinações e variações de pensamentos e imagens. Mencionei apenas os de ocorrência mais frequentes. De qualquer modo, o manejo não difere muito de um para outro.

A paciente M., citada antes, relatou em outra consulta o pavor que sentia de ir embora e ter um ataque de pânico a caminho de casa, e de como isso poderia levá-la a ter um ataque cardíaco. Ao falar de seu medo, começou a ter opressão no peito e taquicardia:

Paciente: — Eu acho que vou sair daqui e ter um treco.
Terapeuta: — Você poderia ser mais específica?
Paciente: — Tenho medo de sair daqui, ter um ataque de pânico, ter um enfarte e cair morta.
Terapeuta: — Você já caiu morta por causa de algum ataque de pânico?
Paciente (*rindo*): — Você sempre pergunta isso. Não, mas pode muito bem acontecer.
Terapeuta: — Bem, sendo assim, eu também posso cair morto ao sair daqui hoje, não é?
Paciente: — É diferente.
Terapeuta: — Por quê? Você não tem nada no coração. Nem eu. Então a probabilidade de você ter um enfarte deve ser igual à minha, certo?

Depois disso, M. sentiu-se mais tranquila, e os sintomas de opressão no peito e taquicardia melhoraram. Ela pôde perceber que não são os lugares que geram pânico, mas os pensamentos, uma vez que ela, só de se imaginar na rua, já passava a ter sintomas de pânico.

* * *

A questão que surge nesse momento é a respeito de quem não dispõe de um profissional habilitado que possa ajudá-lo a lidar com os pensamentos automáticos. Acredito que algumas recomendações podem ser úteis.

Portanto, ao sentir-se ansioso, com medo de ter um ataque de pânico, realize as etapas descritas a seguir.

1. Pergunte a si mesmo: "O que está se passando em minha mente agora?". Ao se fazer essa pergunta, você identificará os pensamentos automáticos que estão ocorrendo. Lembre-se de que, para combater um inimigo, é preciso, em primeiro lugar, localizá-lo. E muitas vezes os pensamentos automáticos ocorrem de maneira tão desordenada e são tão velozes que acabam passando despercebidos.

Às vezes é necessário algum treino para começar a percebê-los. Não desanime se não puder identificá-los no início.

2. Questione a validade dos pensamentos identificados. Você deve se perguntar se é razoável pensar assim. Ou, se esse é um pensamento racional, se ele tem alguma lógica. Geralmente não tem. Por exemplo, alguém com pânico pode sentir medo de ter um derrame e, ao examinar suas cognições, identificar uma imagem de si mesmo em uma cadeira de rodas sem conseguir balbuciar uma única palavra. É uma imagem razoável? Não é, sobretudo pela transformação de um receio em uma doença física profundamente incapacitante.

3. Substitua o pensamento automático por alternativas mais racionais de pensamento. Voltemos ao exemplo anterior. Supondo que o pensamento-imagem não é lógico, uma vez que o pânico não causa derrames, você poderia pensar: "Derrames podem acontecer a qualquer pessoa, mas são raros. Por que aconteceria comigo? Será que estou respirando muito rápido, daí o formigamento nos braços?". Ao pensar dessa forma, você vai enfraquecer a certeza de estar tendo um derrame, transformando-a em apenas uma possibilidade. O segredo está em ser capaz de abrir um leque de possibilidades mais racionais e não catastróficas.

Examinando as cognições mais comuns

Conforme já mencionei, há pensamentos que ocorrem com mais frequência no transtorno de pânico, adquirindo, assim, uma qualidade universal. Vou me deter brevemente no exame deles.

MORTE

Morrer talvez seja a ideia que mais aterroriza quem tem pânico. O interessante é que as pessoas associam claramente esse medo a algumas das sensações deflagradas pelos ataques de pânico, sobretudo à taquicardia e à falta de ar. Mais interessante ainda é lembrar que essas sensações ocorrem com frequência e são usuais. Basta subir uma escadaria, fazer ginástica, assistir a um filme de terror, ou mesmo se emocionar com alguma coisa, que certamente ocorrerão essas sensações. São fenômenos normais. O que não é normal é a maneira catastrófica como são interpretadas, isto é, como sinalizadores de morte iminente. Lembre-se de que, ao fazer os exercícios de exposição interoceptiva, você deve ter tido sensações parecidas, mas continua aí, lendo este livro e bem vivo.

LOUCURA

Sem dúvida, a ideia de estar ficando louco ou o medo de enlouquecer é frequente no pânico. Devo lembrar que ansiedade não é loucura. Essa ideia parece estar muito relacionada aos sintomas de irrealidade ou estranheza que ocorrem no pânico e que podem ser desencadeados pela hiperventilação (respirar rápido demais). Você também deve ter sentido algo semelhante e em menor grau quando fez o exercício n° 5 da exposição interoceptiva (hiperventilar). Na verdade, o que ocorre na loucura, mais conhecida como psicose, são alucinações e delírios, que são alterações graves na percepção (por exemplo, ouvir vozes e/ou ver coisas que não existem) e no pensamento (julgar que está sendo perseguido). Isso não tem nenhuma relação com o pânico.

DESCONTROLE

Perder o controle dirigindo um veículo, bater ou atropelar alguém, ou mesmo cometer um ato desvairado também são ideias que assolam os portadores do pânico. Nunca é demais lembrar que um ataque de pânico tem duração limitada. Os sintomas se instalam, atingem um pico de intensidade (e não vão além desse máximo), diminuem e cessam.

Quem leu o livro *Síndrome do pânico*, de Gugu Keller, vai se lembrar de que, apesar da intensidade dos sintomas e do descontrole, ele foi capaz de dirigir até um posto de gasolina, depois até um pedágio, pedir ajuda, retornar à cidade e procurar uma amiga. Qualquer pessoa que não tivesse um mínimo de controle sobre determinada situação não seria capaz de fazer tudo aquilo. Fica claro, então, que o descontrole, muito mais que um fato, é uma sensação subjetiva.

* * *

Acredito que eu tenha abordado um número significativo de aspectos relacionados ao transtorno de pânico. Mais importante do que ler e se identificar com o que eu escrevi é a realização dos exercícios propostos neste capítulo. Estou fazendo essa afirmação porque percebi, ao longo dos anos tratando pessoas com pânico, que existem pacientes que adoram falar sobre os sintomas, mas que têm considerável resistência a fazer o que deve ser feito. Procurar ser persistente talvez seja um bom caminho. Por isso, gostaria de encerrar este capítulo com uma fábula de Esopo:

O corvo e o vaso

O corvo estava morrendo de sede. Viu um vaso que tinha tão pouca água que o bico não alcançava. Tentou derrubar o vaso com as asas, mas era muito pesado. Tentou quebrar com o bico e as garras, mas era muito duro. O corvo, com medo de morrer de sede tão perto da água, teve uma ideia brilhante. Pegou umas pedrinhas e foi jogando dentro do vaso. A água subiu e ele pôde beber.

Não há beco sem saída para quem se esforça na lida.

3. Medo de ter pânico

No capítulo anterior, mencionei rapidamente a agorafobia, reportando-me a ela como um tipo de fobia generalizada que frequentemente se associa ao pânico. A agorafobia pode ser entendida como uma complicação do transtorno de pânico, ou como uma comorbidade deste, o que implica gravidade maior do quadro. Ao contrário do que se supõe, não se trata de um problema novo, tendo sido descrita há mais de um século como "impossibilidade de andar nas ruas ou praças ou fazê-lo somente com medo ou sofrimento acentuado".[1]

De acordo com o DSM, a agorafobia se caracteriza por ansiedade por estar em locais ou situações em que a saída seja difícil, ou o auxílio possa não estar disponível na vigência de um ataque ou de sintomas de pânico. A ansiedade leva a pessoa a evitar várias situações, entre as quais ficar sozinho em casa ou fora dela, estar no meio de uma multidão, andar de carro, ônibus, trem, metrô, avião, elevador, ou passar por pontes ou passarelas. Alguns conseguem se expor a essas situações, mas sentem muito medo e desconforto. É frequente que o agorafóbico necessite da presença de uma pessoa de confiança para conseguir enfrentar as situações.

O DSM descreve a agorafobia dentro de dois diagnósticos distintos:

1. Transtorno de pânico com agorafobia.
2. Agorafobia sem história de transtorno de pânico.

Confesso que não me recordo de ter atendido um único paciente até hoje que se enquadrasse no segundo caso. Há um estudo que reavaliou a ocorrência de agorafobia sem história de transtorno de pânico e concluiu que este é um diagnóstico raro.[2]

Não se trata de temor ou evitação de lugares abertos ou fechados. A agorafobia engloba uma série de situações que podem variar sutilmente de pessoa para pessoa, mas que tem em comum o medo de estar longe de casa ou de pessoas e familiares que transmitam segurança. Quando expostas a situações públicas, as pessoas que sofrem de agorafobia temem manifestar sensações físicas de ansiedade ou ter ataques de pânico. O medo de ter medo é uma das características centrais do quadro.[3]

As situações e os locais mais frequentemente evitados ou tolerados com dificuldade pelos agorafóbicos encontram-se relacionados abaixo:

- sair de casa sozinho;
- ficar em casa sozinho;
- andar de carro, ônibus, trem, metrô ou avião;
- frequentar locais fechados e cheios, como cinemas, teatros, restaurantes, supermercados, lojas de departamentos e shopping centers;

- estar em congestionamentos, estádios ou ginásios esportivos lotados, cuja saída não seja de fácil acesso, ou outras situações como estar longe da porta de um veículo de transporte coletivo;
- enfrentar filas de banco;
- frequentar consultórios médicos e dentistas;
- atravessar túneis, passarelas e pontes;
- usar elevadores;
- frequentar espaços abertos mas cheios, como ruas e feiras;
- viajar.

A frequência e a intensidade com que ocorrem os sintomas de ansiedade são variáveis, podendo se estender de leve desconforto até esquiva generalizada de locais e situações, o que pode levar a pessoa a não sair mais de casa, ou só fazê-lo em companhia de alguém de confiança.

TRATAMENTO

Infelizmente não existe uma medicação eficaz no tratamento da agorafobia. O que se observa no transtorno de pânico com agorafobia é que os antidepressivos são bastante eficientes no controle dos ataques de pânico, mas pouco interferem na esquiva fóbica (evitação). É claro que algumas pessoas, ao se livrarem dos ataques de pânico, vão se sentir mais seguras para enfrentar as situações. Esta, porém, não é a regra, e a maioria delas manterá o comportamento de esquiva — agorafobia — em razão do medo de ter outro ataque de pânico. A esquiva fóbica diminui o medo, e isso reforça o comportamento de esquiva, estabelecendo-se assim um círculo vicioso.

O que pode funcionar bem na agorafobia é o tratamento sequencial. Suponhamos que você já esteja sendo medicado por um psiquiatra. Você poderá começar a fazer a exposição conforme descrita neste capítulo. Isso deve propiciar melhora da esquiva e redução das chances de recaída.

Estabelecendo objetivos

A primeira tarefa de alguém com desconforto ou comportamento de esquiva é estabelecer um objetivo, que deve ser concreto e factível. Não pode ser algo como "quero ser feliz" ou "pretendo viver sem ter medo de nada".

Vamos supor que você apresente um quadro de esquiva fóbica em relação a dois conjuntos de situações:

1. Frequentar locais fechados e cheios.
2. Sair de casa a pé.

Primeiramente, escolha como objetivo um desses conjuntos de situações.

Vamos supor que você tenha escolhido sair de casa a pé. Todo esforço deve ser concentrado nesse objetivo para que você consiga alcançá-lo. O problema é que não se trata de abrir a porta de casa e sair por aí andando a esmo. Mesmo porque, para muitas pessoas, isso seria impossível. A conquista de um objetivo dependerá de metas que serão estabelecidas e que constituirão pontos intermediários até que o objetivo seja alcançado. Se você não está tendo clareza em relação ao que está sendo apresentado, não se preocupe, porque o próximo tópico vai detalhar o assunto.

Construindo hierarquias

Após ter claro o objetivo a ser atingido, o passo seguinte é a construção de uma hierarquia em relação a ele. Uma hierarquia nada mais é que uma série contínua de passos ou metas a serem atingidos e que são dispostos em grau crescente de dificuldade. Como tudo parece muito teórico e vago, vou exemplificar.

Suponhamos que o objetivo seja o citado antes, isto é, sair de casa a pé, e que no momento atual isso não seja possível. O objetivo deve, então, ser desmembrado em vários passos menores, que serão percorridos progressivamente. Isto é, do menor para o maior grau de ansiedade estimada. Assim, o medo de sair de casa poderia ser decomposto em várias situações, as quais você mesmo coloque no papel.

Imagine, então, vários locais ou situações relacionados a sair de casa sozinho. Anote-os em um caderno, atribuindo uma nota de zero a dez para cada um, de acordo com a ansiedade que você acha que vai sentir. A nota zero é o equivalente a sentir-se bem, sem nenhuma ansiedade, e a nota dez equivale a estar em pânico. Vejamos um exemplo prático de hierarquia:

- Ir à casa de um amigo a três quarteirões de minha casa — 6
- Ir até o parque, a cerca de um quilômetro — 8
- Ficar em frente ao prédio onde moro — 2
- Ir até a padaria a dois quarteirões — 5
- Ir à banca de jornais na esquina — 3
- Ir ao banco a dois quilômetros de casa — 10
- Dar uma volta no quarteirão — 4

Nada impede que você obtenha uma lista maior que essa. É importante, também, que haja pelo menos uma situação que desencadeie um nível de ansiedade baixo o bastante para que seja possível enfrentá-la.

O passo seguinte é ordenar as situações listadas, em ordem crescente de ansiedade. Usando o exemplo anterior, a hierarquia ficaria arranjada da seguinte maneira:

- Ficar em frente ao prédio onde moro – 2
- Ir à banca de jornais na esquina – 3
- Dar uma volta no quarteirão – 4
- Ir até a padaria a dois quarteirões – 5
- Ir à casa de um amigo a três quarteirões de casa – 6
- Ir até o parque, a cerca de um quilômetro – 8
- Ir ao banco a dois quilômetros de casa – 10

Enfrentando o medo

Uma vez construída a hierarquia, você poderá começar o trabalho de exposição aos estímulos externos, ou exposição ao vivo, como é mais conhecida. Mais uma vez vou recordar que a exposição às situações temidas ou evitadas deve ser feita com frequência elevada e por tempo prolongado, sobretudo na exposição ao vivo. O que não quer dizer que você tenha que passar o dia todo fazendo isso. Por "frequência elevada", entende-se: pelo menos três vezes por semana. Por "tempo prolongado", entende-se: até que haja diminuição da ansiedade.

O tempo necessário para a diminuição nos níveis de ansiedade varia de pessoa para pessoa. Para algumas, seria de vinte minutos, enquanto para outras, de até sessenta minutos. Por isso, mesmo que não esteja ocorrendo alívio da ansiedade nas primeiras sessões de exposição, procure permanecer por pelo menos sessenta minutos na situação.

"Mas por que raios tenho que fazer isso?", você pode estar se perguntando. E vou responder afirmando que, em primeiro lugar, você não *tem* que fazê-lo. Só se estiver realmente disposto a melhorar. Em segundo lugar, caso você *queira* fazê-lo, devo informá-lo que a exposição ao vivo é comprovadamente um tratamento eficaz para agorafobia, conforme evidenciam diversos estudos e publicações.[4] E mais, você pode fazê-la com ou sem o auxílio de um terapeuta.

Há um estudo mostrando como pacientes com agorafobia conseguem efeitos benéficos mantendo pouco contato com um terapeuta, em vez de um contato mais intenso, desde que instruções para a exposição sejam oferecidas por meio de um programa, sob a forma de um manual ou outro meio apropriado.[5] David Barlow cita, em seu livro *Anxiety and its Disorders* (p. 415), um estudo de Weekes, de 1968, com mais de quinhentos agorafóbicos que apresentaram resultados satisfatórios, em até 73% dos casos, com a leitura de seu livro.

O desafio maior é que, para se livrar do medo, você deve ir ao encontro dele. Só assim ocorrerá a habituação, que nada mais é que a diminuição e possível extinção da ansiedade nas situações já descritas. O fenômeno pode ser mais bem compreendido com o auxílio de um gráfico:

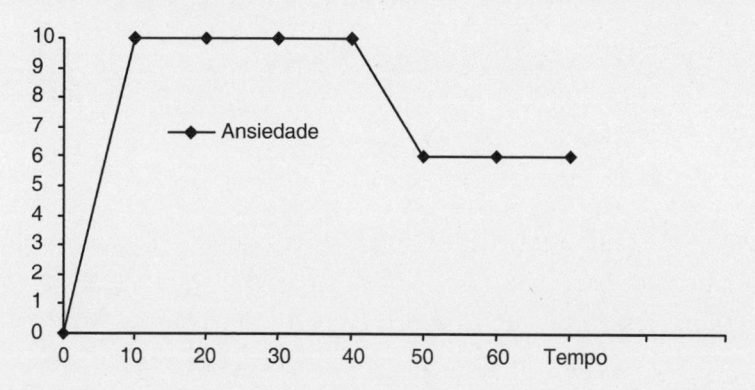

Ao entrar em contato com o local ou a situação que desencadeia medo, a pessoa experimenta, a princípio, um aumento da ansiedade, até atingir um patamar máximo de intensidade, também conhecido como *plateau*, que se mantém, em média, por quarenta minutos. Transcorrido esse tempo, ocorre a diminuição da ansiedade, ou seja, a habituação. Os patamares de ansiedade serão menores quanto maior for a frequência com que a pessoa se expuser às situações desencadeantes de ansiedade.

Bem, feitas essas considerações, você deve começar a se expor ao primeiro item da hierarquia, isto é, ao de nota de ansiedade mais baixa. No exemplo citado anteriormente, seria o de nota dois. Após a exposição, você deverá anotar o nível máximo de ansiedade que sentiu na experiência e o nível de ansiedade no final do exercício, atribuindo notas de zero a dez. Use o modelo a seguir para elaborar seu diário de exercícios:

DATA	EXERCÍCIO	HORA INICIAL	ANSIEDADE MÁXIMA	ANSIEDADE NO FINAL	HORA FINAL
10/8	Ficar em frente ao prédio	10h	2	2	11h
12/8	//	16h30	2	1	17h10
13/8	//	10h	1	0	10h45
15/8	//	16h30	0	0	16h45

Assim que a ansiedade for igual a zero, você pode passar para o próximo passo na hierarquia, que seria o de nota três. Algo muito interessante costuma ocorrer a partir desse ponto. Você vai observar que a nota dada inicialmente para esse próximo passo já não será a mesma, será menor. Isso significa que, ao chegar ao último exercício (o de nota dez), ela será menor, e você será capaz de enfrentar uma situação que antes parecia impossível.

Vá em frente. Se você tiver dificuldade para passar de um nível para outro, isto é, se sentir muita ansiedade, estabeleça novos passos intermediários. Por exemplo, se você conseguiu ir até a casa de seu amigo, mas não está conseguindo ir até o parque, procure um local que seja um meio-termo entre a casa de seu amigo e o parque; ou seja, um local que produza um pouco menos de ansiedade. Mas, lembre-se de que é fundamental que você sinta ansiedade em algum grau. Se você não estiver sentindo nada, passe imediatamente para o item seguinte. É a ansiedade que você sente que o leva a se habituar. Lembra a história da vacina que contei no capítulo anterior? É a mesma coisa.

Por falar em história, em uma entrevista concedida a Pedro Bial no canal Globo News, a escritora Lygia Fagundes Telles contou que ficava apavorada ao ouvir histórias de terror, com caveiras e mortos pulando das sepulturas, contadas por suas pajens quando era menina, e que superou o medo quando ela mesma passou a contá-las. À sua maneira, Lygia parece ter feito exposição intuitivamente, uma vez que resolveu enfrentar de forma peculiar o que mais a apavorava. A propósito, usar a própria criatividade para se expor pode ser uma ótima ideia.

E SE NÃO DER CERTO?

Em algumas circunstâncias, mesmo que tenha sido construída uma hierarquia de maneira adequada, a exposição torna-se inviável. Isso ocorre quando o primeiro nível da hierarquia recebe uma nota muito alta (e mesmo assim é a mais baixa). É o caso, por exemplo, de alguém que atribua nota nove para ficar em frente à sua casa ou mesmo no portão. Nesses casos, algumas coisas podem ser feitas, como a exposição assistida. Trata-se de percorrer o mesmo caminho, isto é, fazer as mesmas tarefas, só que na companhia de alguém de confiança, por exemplo o cônjuge, um parente próximo ou mesmo um amigo íntimo. Os exercícios são feitos com essa pessoa, que vai ter o papel de um acompanhante terapêutico (AT), e assim que a ansiedade chegar a zero, a pessoa consegue fazê-los sozinha.

Há outras formas, contudo, de lidar com dificuldades que surgem na exposição ao vivo.

Dando asas à imaginação

Quando alguém encontra grandes dificuldades para se expor às situações evitadas, seja porque o nível de ansiedade experimentado é muito alto, seja porque não dispõe de uma pessoa com quem possa fazer a exposição assistida, é possível lançar mão de um recurso denominado "dessensibilização sistemática".[6] Essa técnica se ocupa de pôr a pessoa em contato com as situações geradoras de ansiedade, como na exposição ao vivo, mas com uma peculiaridade: o procedimento é realizado utilizando a imaginação. Aqui não existe o limite imposto pela realidade, e a hierarquia deve conter um número de itens maior, para que a ansiedade percorra um trajeto crescente em intensidade.

Imaginemos alguém que apresente esquiva importante de usar o metrô. A hierarquia pode ser construída de diversas maneiras, com muitas variações acerca do tema metrô. O importante é usar cenas que efetivamente provoquem desconforto.

Vou ilustrar agora como poderia ser concebida uma hierarquia de dez itens, já ordenados, de acordo com notas atribuídas, para o metrô.

- Caminhar em direção à estação do metrô — 0
- Entrar na estação — 1
- Comprar o bilhete — 1
- Passar na catraca — 2
- Descer as escadas rolantes — 3
- Aguardar na plataforma em meio a poucas pessoas — 3
- Aguardar na plataforma em meio a muitas pessoas — 4
- Entrar no vagão e a porta se fechar — 5
- O trem percorrer o trajeto com o vagão pouco cheio — 6
- O trem percorrer o trajeto com o vagão lotado — 7
- O trem chacoalhar durante o trajeto — 8
- O trem parar na estação e a porta não abrir — 9
- O trem parar dentro do túnel — 10

Este é um exemplo hipotético de hierarquia que foi criado para mostrar que é possível relacionar situações que despertem medo, com gradações que vão se intensificando muito suavemente.

Caso você, leitor, esteja com dificuldade de enfrentar as situações ao vivo, é possível construir sua própria hierarquia em relação ao objetivo que deseja atingir. Procure fazê-lo com um número de itens maior que o da exposição ao vivo e atribua notas de zero a dez para cada um deles. Pode usar notas quebradas, como 1,5 ou 4,5, se for preciso. Procure não deixar que a diferença entre uma nota e outra supere o valor de um (vide o exemplo anterior). Como é um procedimento feito por meio da imaginação, você poderá usá-lo em qualquer situação, como viajar de avião, de carro, estar em locais cheios de gente, entre outras. No entanto, parece funcionar melhor em situações que se relacionam a se distanciar de casa.[7]

Uma vez que você já esteja de posse de sua hierarquia, com as notas atribuídas e devidamente ordenadas, é só começar. Antes, porém, devem ser observados alguns preâmbulos: a dessensibilização sistemática deve ser realizada em um ambiente tranquilo e livre de interferências — como pessoas interrompendo você a toda hora, telefone tocando, ruído de televisão etc. Uma vez que estiver nesse local, fique em uma posição confortável, em uma poltrona ou na sua cama, para começar o trabalho.

PASSO A PASSO

Vou usar o exemplo da hierarquia construída para o metrô.

1. Feche seus olhos e concentre-se de início em sua respiração.
2. Respire lenta e profundamente, inspirando o ar pelo nariz e soltando-o devagar pela boca.
3. Respire algumas vezes assim, procurando relaxar os músculos do corpo enquanto solta o ar. Faça isso durante alguns minutos até que se sinta relaxado. Com a prática, você vai conseguir relaxar cada vez mais.
4. Mantenha-se bem relaxado e imagine, da forma mais viva e nítida que puder, que você está entrando na estação do metrô. Visualize bem a cena por alguns segundos e, a seguir, apague a cena.
5. Relaxe.
6. Repita o procedimento com a mesma cena até que não sinta mais ansiedade.
7. Passe para a cena seguinte (comprar o bilhete), seguindo os mesmos passos da primeira cena.
8. Repita o mesmo procedimento para as demais cenas da hierarquia.

A dessensibilização sistemática pode ser feita diariamente, em dias alternados ou até mesmo duas vezes por dia. Sua finalidade principal é a diminuição da ansiedade situacional, permitindo que a exposição ao vivo seja realizada tanto em situações de notas menores quanto as de acesso difícil, como estar em aviões, no meio de multidões em grandes shows, dentro de uma ambulância, entre outras.

É possível que haja problemas na realização desse procedimento; alguns encontram dificuldade em conseguir visualizar as cenas, por exemplo. Isso pode ocorrer quando a pessoa não está relaxada o bastante. Se for o seu caso, procure associar ao relaxamento uma cena de algum lugar bonito, por exemplo, uma praia ou uma bela paisagem. Diga mentalmente a si mesmo: "Eu estou calmo, completamente calmo" — e tente de novo visualizar as cenas da hierarquia. Se a dificuldade persistir, aguce seus sentidos para identificar uma qualidade maior de elementos visuais, auditivos e olfativos nas cenas. Ou seja, procure vivenciar a cena com a maior riqueza possível de detalhes: suas cores, formas, ruídos que possam ocorrer e cheiro do ambiente. Se mesmo assim você não conseguir, grave as cenas em um arquivo de áudio e ouça seu conteúdo.

RETRATOS DO MEDO

O caso de Tânia

Tânia* é uma publicitária de 24 anos que chegou ao meu consultório acompanhada da mãe. Sua queixa eram as crises de ansiedade, que foram caracterizadas como ataques de pânico e fobia

---

* Todos os nomes atribuídos a pacientes são fictícios.

de lugares fechados (como elevadores). Além disso, evitava locais distantes de sua casa.

Na primeira consulta, contou-me que vinha tendo ataques de pânico em casa e quando dirigia. Em casa, evitava fechar a porta de quartos e banheiros com medo de ficar presa, passar mal e não poder ser socorrida. Tinha medo de perder o controle, ficar louca. Evitava locais cheios e sair de carro, com receio de congestionamentos. Tânia também não ia de carro a lugares que não conhecia; não usava ônibus nem metrô. Quando estava em um lugar público, não podia perder de vista a pessoa que a acompanhava. Quando veio ao consultório, estava medicada com fluoxetina e alprazolam. Ela recebeu o diagnóstico de transtorno de pânico com agorafobia, e propus inicialmente um programa de exposição interoceptiva para que houvesse melhora dos sintomas de pânico. Eu a orientei a reduzir a dose de alprazolam, para que a exposição se tornasse mais eficaz.

Durante duas semanas ela não teve ataques de pânico, só medo de tê-los. "Parece que vai dar o pânico, mas aí não acontece nada." No entanto, Tânia queixava-se de alguns sintomas de depressão, como tristeza, choro e desânimo. Apesar de apresentar sintomas depressivos leves, partimos para o estabelecimento de objetivos e a construção de uma hierarquia de situações desencadeadoras de ansiedade para a exposição ao vivo.

Como primeiros objetivos, Tânia escolheu conseguir entrar no banco e ir dirigindo sozinha às nossas consultas. Ao centrarmos nossa atenção no primeiro objetivo, deparamo-nos também com o primeiro problema: a porta giratória do banco a deixava apavorada, por dificultar uma saída rápida e porque, às vezes, as portas giratórias de bancos têm o péssimo costume de travar.

Não havia situações intermediárias: ir ao banco recebeu nota nove; mais tarde, dez. Era impossível fazer exposição com esse nível de ansiedade. Ocorreu-me, então, que o problema não era exatamente o banco, e sim o tipo de porta. Pensamos juntos em locais onde havia portas giratórias e localizamos um bar e um hotel, para os quais ela atribuiu as notas quatro e cinco, respectivamente. Nessas horas, vale a criatividade, ainda que não garanta sucesso imediato. Tânia não conseguiu sequer chegar ao bar. Sentiu muita ansiedade de antecipação e propôs que adiássemos a tarefa da porta giratória e partíssemos para a de dirigir. Paralelamente, ela quis se aventurar na caminhada por locais mais distantes e menos conhecidos que as imediações de sua casa.

Embora tivesse feito exercícios de dirigir, esses não foram realizados de forma sistemática. Às vezes, ela cismava que tinha de sair à noite com o carro e saía. Em outras ocasiões, solicitava a presença da mãe para ir aos lugares. Em determinadas semanas, a frequência com que Tânia praticava os exercícios era muito baixa, e o quadro deu uma estagnada.

Sugeri, então, que ela tentasse fazer exercícios com elevadores, pois sempre usava as escadas. Foi difícil, pois mesmo em elevadores familiares, como o da casa da mãe, ao fazer a exposição acompanhada por ela (assistida), a ansiedade era alta. Houve alguma melhora, mas usar o elevador no trabalho continuava impossível. Tentei fazer dessensibilização sistemática com elevadores, mas a paciente não se entusiasmou com a técnica. Ela voltou a investir mais nos exercícios de andar a pé. Mas Tânia não via um objetivo mais concreto, um sentido maior no vaivém da casa da mãe, do pai, da praça.

A inconstância de Tânia às vezes me desconcertava. Havia semanas em que ela desanimava, não queria nem ir trabalhar, e outras em que se aventurava a fazer voos mais altos, tentando se expor a níveis de ansiedade bem mais elevados que os combinados por nós. Da minha parte, eu procurava orientá-la a não avançar muito o sinal.

Pouco tempo depois, Tânia teve que ser submetida a uma pequena cirurgia dentária, e o fato pareceu ter piorado a intensidade dos sintomas de ansiedade, acrescida de uma forte sensação de estar perdida, o que aumentou sua esquiva. Houve também intensificação dos sintomas depressivos, o que fez com que eu introduzisse a paroxetina em seu tratamento. Embora ela conseguisse trabalhar, exigia que a mãe ficasse em casa, ao lado do telefone, para o caso de ocorrer um ataque de pânico.

Com a medicação, houve melhora do quadro, apesar de queixas como bolo na garganta, náusea e formigamento nas mãos. Aos poucos, Tânia foi retomando os exercícios, até mesmo a exposição interoceptiva, que produzia sintomas físicos, mas sem causar medo. Construímos uma nova hierarquia para que ela dirigisse e combinamos que dessa vez ela seguiria à risca os passos combinados. Finalmente deu certo, pois ela foi capaz até mesmo de ir ao consultório sozinha de carro. A partir daí ela pôde se deslocar por distâncias cada vez maiores, obtendo sucesso nesse objetivo.

Quanto aos elevadores, não houve progresso. Sugeri, então, que fizéssemos algumas sessões de exposição assistida no elevador, sempre lotado, do prédio dos ambulatórios do Hospital das Clínicas. Ela concordou. No dia marcado, Tânia estava bastante ansiosa e, após titubear por um bom tempo, finalmente entrou no elevador comigo. Foi impressionante. Bastaram alguns minutos para que a ansiedade diminuísse, e ela voltasse a se sentir tranquila. Aqui, vale lembrar que a ansiedade antecipatória, ou o medo de ter medo, é o fator que mais limita a exposição, já que a pior parte não é entrar no elevador, mas o período que antecede o ato de entrar. A partir desse ponto, Tânia foi capaz de voltar a usar elevadores, embora no trabalho preferisse fazê-lo acompanhada.

Houve melhora no quadro, apesar de persistir a esquiva e mesmo o desconforto em algumas situações. Ela reconheceu que muitas vezes adiou e também deixou de fazer o que deveria ter feito, ou seja, mais exposição.

A propósito, houve um dia em que Tânia esteve em um local onde havia uma porta giratória e passou um bom tempo entrando e saindo por ela. Penso que, se ela tivesse o mesmo empenho sempre e se organizasse um pouquinho mais, sua melhora teria alcançado um patamar mais alto.

O caso de Fernando

Fernando, 37 anos, vinha se tratando com outro médico havia cerca de quinze anos. Recebera o diagnóstico de transtorno de pânico e fazia uso regular de clomipramina e do tranquilizante bromazepam. Embora não apresentasse mais ataques de pânico espontâneos, ele se queixava de não poder viajar sozinho e de se sentir em pânico quando se afastava para além de sua zona de segurança, que nada mais era do que as áreas próximas de sua casa. Além disso, sentia medo de ficar sozinho em casa pela manhã. Quando precisava ir a um local um pouco mais distante ou viajar (sempre acompanhado), só o fazia sob o efeito do tranquilizante, que tinha de carregar no bolso o tempo todo como medida de segurança. Contou-me que uma noite sonhou que viajava de avião e se dava conta de que o tranquilizante havia ficado na mala, que havia sido despachada. Acordou em pânico, desesperado.

Seus sintomas, que ocorriam ao enfrentar essas situações citadas, incluíam medo, sensação de desmaio, de morte iminente e falta de controle, acompanhados de tensão muscular, coração disparado e respiração ofegante. Do ponto de vista prático, o maior problema de Fernando era não conseguir trabalhar por causa do medo de ter novos ataques de pânico. Ele submeteu-se à psicoterapia de orientação analítica durante cinco anos, sem que houvesse melhora do quadro.

Após uma explicação sobre o funcionamento do tratamento de exposição, ele estabeleceu como objetivos ir ao centro da cidade de ônibus e ficar sozinho em casa. Juntos, construímos uma hierarquia para seu primeiro objetivo. Paralelamente, reduzi a dose do tranquilizante e estabeleci que ele até poderia carregá-lo no bolso no início da exposição, mas que jamais o usaria durante os exercícios, pois anularia o efeito da exposição, já que diminuiria o *plateau* de ansiedade necessário para ocorrer a habituação.

Ele começou a exposição percorrendo trajetos curtos de ônibus e voltando para casa. Tudo parecia difícil e atravancado, pois o tempo que ele permanecia dentro do ônibus era curto demais. Mesmo assim, e apesar do medo, notei entusiasmo nele. Sugeri então que, ao descer do ônibus, a uma determinada distância de casa, ele tentasse prosseguir o trajeto a pé por outras ruas, procurando sempre se distanciar mais de casa, em vez de retornar. Deu resultado: Fernando foi experimentando cada vez menos medo e desconforto, até que andar de ônibus e pelas ruas nos trajetos preestabelecidos na hierarquia tornou-se uma tarefa fácil. Ao mesmo tempo, ele procurava estender o tempo de sua permanência em casa sozinho.

Entusiasmado, perguntou-me se poderia fazer o mesmo com o metrô. Não só permiti, como o encorajei. Inicialmente o trajeto era de uma estação a outra, que se alternava com andar a pé e explorar ruas desconhecidas, e depois passou a ir a estações cada vez mais distantes.

Mas durante esse período, Fernando desanimou e pensou em desistir. Pedi a ele que tivesse um pouco de paciência, pois em questão de dias haveria a diminuição da ansiedade. Mais uma vez obtivemos sucesso. O entusiasmo voltou e o paciente foi longe, literalmente longe. Circulou por um grande número de estações de diferentes linhas. Ao chegar a esse ponto, ele quis retomar os exercícios com ônibus e ir a locais aonde não havia ido. E o fez sem maiores problemas, mas sempre sentindo ansiedade no início dos exercícios.

Depois de ter conseguido usar transportes coletivos e andar a pé sem sentir ansiedade, Fernando propôs exercícios de dirigir sozinho em congestionamentos e vias expressas, para que pudesse alcançar seu objetivo maior: dirigir em estradas. O curso foi semelhante ao das outras tarefas, com a diferença de que parecia cada vez mais fácil executá-las.

Finalmente, Fernando chegou às estradas — com dificuldade, é claro. Foi preciso construir outra hierarquia em relação às distâncias e ao tipo de estrada. Hoje, entretanto, ele já é capaz de fazer uma viagem curta de carro sozinho. A propósito, ele também voltou a trabalhar. Como problema associado, veio à tona um isolamento social importante, pois Fernando, ao longo desses anos, recolheu-se, afastando-se de tudo e de todos. O próximo passo foi tratar dessa sua dificuldade.

Nem tudo são rosas: o caso do sr. A-Z

Apesar das evidências científicas de que a exposição é uma forma eficaz de tratamento da agorafobia, um de seus problemas mais frequentes é a desistência. Algumas pessoas simplesmente abandonam o procedimento, ou por não acreditarem nele, ou por uma mobilização maior em busca de uma causa que explique o quadro. Além disso, há casos de pessoas que de fato não melhoram. Apesar do esforço e empenho nos exercícios, a habituação não ocorre. Às vezes as coisas acontecem assim.

Isso ocorreu com um de meus pacientes, a quem vou nomear sr. A-Z. Resolvi chamá-lo de A-Z porque tudo o que foi possível fazer nesse caso foi feito: de várias experiências em psicoterapia a diversos tipos de medicamentos. De A a Z.

Tudo começou assim: há alguns anos, um colega do Hospital das Clínicas me perguntou se eu poderia atender um paciente que estava sob seus cuidados, pois ele se encontrava impossibilitado de prosseguir o atendimento. Adiantou-me que se tratava de um caso grave de agorafobia e que o paciente deveria ser atendido em domicílio, pois não conseguia sair de casa. Hesitei um pouco a princípio, mas como sempre gostei de desafios, resolvi aceitar. Fiz um contato telefônico prévio com o paciente, que já estava sabendo da mudança.

No dia da consulta, deparei-me com um homem de cinquenta e poucos anos que não saía de casa havia cerca de 25 anos. Ele me recebeu na presença de um amigo próximo, porque assim se sentia mais seguro. Durante essa primeira consulta, o sr. A-Z se levantou várias vezes, e, com vertigem intensa, foi se deitar no quarto. Por passar mal em locais amplos, ele havia mudado fazia algum tempo para uma edícula nos fundos da casa, de dimensões bem menores.

A história clínica dele não diferia muito da maioria dos casos de pânico com agorafobia. O que diferia era a sua evolução. O quadro se iniciou com ansiedade ao passar de carro sobre pontes e em congestionamentos. Um dia, teve um ataque de pânico em um viaduto, quando se sentiu "puxado" para baixo. Ele saiu correndo de onde estava, refugiando-se em um prédio. Esse episódio parece ter sido um divisor de águas na vida do sr. A-Z, pois a partir de então ele desenvolveu esquiva cada vez mais acentuada e generalizada, a ponto de só conseguir sair de casa com a esposa, apoiado no braço dela por sentir tontura, e para curtas caminhadas.

Várias tentativas de tratamentos foram realizadas com diversos profissionais, com resultados insatisfatórios. Quando o vi pela primeira vez, estava sendo medicado com um antidepressivo e um tranquilizante; mesmo assim, tinha ataques de pânico esporádicos. Após propor uma mudança na medicação, construímos uma hierarquia e orientei o sr. A-Z a iniciar os primeiros exercícios de exposição, que consistiram em permanecer em pontos de sua casa que lhe causavam alguma ansiedade.

Por sentir-se deprimido, o sr. A-Z relatou na consulta seguinte não ter sido capaz de se expor às situações propostas. Aumentei, então, a dose do antidepressivo e, apesar de ter havido melhora, ele não fez a exposição. Considerando a dificuldade que ele apresentava para se expor, propus um programa de dessensibilização sistemática. E novamente não obtive êxito.

O sr. A-Z não parecia interessado em exercícios de exposição, mas, sim, em narrar, com grande riqueza de detalhes, todo o seu histórico de mais de 25 anos de doença. Argumentei compreender como ele se sentia, mas que havia um trabalho a ser feito. Expliquei com mais detalhes o funcionamento e a importância do tratamento de exposição e tentei fazer com que ele se expusesse tanto na imaginação quanto ao vivo às mesmas situações. Os resultados foram exercícios feitos por tempo insuficiente e com baixa frequência.

Resolvi, então, com o seu consentimento, sair à rua com ele. Mal cruzamos o portão, e ele logo passou a apresentar vertigem, agarrou-se ao tronco de uma árvore em frente à sua casa e pediu que retornássemos. Solicitei-lhe que permanecesse por mais alguns instantes, mas ele começou a se desesperar, suplicando que voltássemos. E eu concordei.

Durante mais duas ou três consultas, tentamos repetir o procedimento, bem próximos ao portão da sua casa. Era praticamente impossível. Algumas vezes, conseguíamos caminhar por cerca de cinco a dez metros além do portão da casa, mas ele se queixava de muita tontura, apoiava-se nos muros e paredes das residências vizinhas e pedia para voltar. Sugeri que sua esposa saísse com ele algumas vezes por semana, mas o sr. A-Z sentia-se sempre indisposto e não saía.

Nesse período, o paciente passou a ter ataques de pânico com maior frequência. Propus exposição interoceptiva, mas as mesmas dificuldades apareceram. Sugeri, então, que o trabalho de exposição, tanto interoceptiva quanto ao vivo, fosse realizado com um AT, que iria à sua casa três vezes por semana.

A princípio, houve progresso, pois o AT o estimulava muito e começou a acompanhá-lo nas saídas à rua por distâncias cada vez maiores. Ele passou a dar voltas no quarteirão e depois se aventurou a caminhar por outras ruas mais distantes do bairro em um raio que, seguramente, ultrapassou um quilômetro. Nesse período ele não apresentou ataques de pânico e conseguia ficar cada vez mais tempo na rua. Mas, infelizmente, o sr. A-Z era diabético e teve uma descompensação do quadro. Isso coincidiu com o período de férias do AT e o levou a um desânimo acentuado para continuar o tratamento. Parou por completo a exposição e não quis mais a presença do AT.

O caso foi discutido em uma reunião clínica no Hospital das Clínicas, sendo reforçada a necessidade da exposição ao vivo. Não houve resultado, apesar de a hierarquia ter sido refeita, e exercícios mais suaves, como ir até o portão de sua casa, permanecendo do lado de dentro, ocuparem o primeiro item dessa nova hierarquia. O sr. A-Z não conseguia fazer esse exercício de modo adequado, permanecendo por tempo insuficiente no portão.

Com frequência eu me perguntava o que estaria acontecendo e não chegava a nenhuma conclusão. No entanto, às vezes me vinha à mente a lembrança de um personagem do filme *Um sonho de liberdade*, de Frank Darabont. Trata-se de um presidiário que, após cumprir muitos anos de pena recluso, recebe a notícia de que será posto em liberdade condicional. Sua reação é de revolta, não aceitando absolutamente deixar a prisão. Um paradoxo até certo ponto compreensível, se levarmos em consideração que o personagem havia estruturado toda sua vida naquelas condições, encontrando-se assustado com a perspectiva de ter que enfrentar situações novas, com as quais não se deparava havia muito tempo. Particularmente, penso que, da mesma forma que o personagem do filme, o sr. A-Z tinha medo de deixar o seu cárcere privado e encarar uma nova vida, com desafios e responsabilidades.

O caso desse paciente foi um revés na minha vida profissional. Contudo, antes de considerá-lo um fracasso terapêutico, resolvi insistir um pouco mais na ideia do AT. Além disso, como um dos sintomas mais pronunciados que ele apresentava era a tontura, tentei convencê-lo, sem sucesso, a ser atendido em sua casa por um otorrinolaringologista, para averiguar se tinha labirintite. A associação entre transtorno de pânico e labirintite é relativamente frequente e, se fosse esse o caso dele, a melhora da tontura poderia facilitar o trabalho de exposição.

Infelizmente ele foi bem resistente ao tratamento e morreu em casa algum tempo depois, de infarto. Foi difícil, mas sempre que esmoreço, procuro me lembrar da fábula "O corvo e o vaso".

4. O inferno são os outros

O medo de pessoas surge cedo em nossas vidas. Já no primeiro ano, mais precisamente por volta do nono mês de vida, é possível observar o temor que algumas crianças têm de estranhos, que costuma se desvanecer com o desenvolvimento.[1] Esse fato é considerado normal. O que causa surpresa é a manifestação desse tipo de temor na vida adulta, ou mesmo na adolescência.

Medo de outras pessoas, de ter contato com elas, de iniciar ou manter uma conversa, de olhar ou de ser observado por elas, de flertar... Às vezes pode ser medo de fazer uma simples pergunta, outras de realizar algum tipo de desempenho em público. Trata-se de um temor tão intenso que leva quem tem medo a abandonar empregos ou escola e a abrir mão de ter uma vida amorosa, vivendo completamente isolado.

"Sai da toca." "Vai se divertir um pouco." "Você precisa conhecer gente nova." "Tire umas férias." "Está tudo bem, é só tomar um uísque e relaxar." Conselhos como esses vindos de familiares e amigos pouco ajudam as pessoas que se sentem ansiosas em situações sociais. Ao contrário, podem piorar a vergonha e o constrangimento. De modo semelhante ao que ocorre na depressão, quem é portador desse tipo de ansiedade parece inclinado a evitar comportamentos evocadores de rejeição ou desaprovação. Em linhas gerais, é assim como se sente quem sofre de fobia social, um dos transtornos ansiosos mais comuns do mundo — de acordo com o estudo de Kessler e colaboradores, cerca de 13% da população é portadora.

O tema surge tanto na história quanto na vida contemporânea. Hipócrates descreveu a ansiedade social patológica há séculos. Demóstenes, o orador grego, temia falar em público por causa da gagueira. A soprano Maria Callas, de acordo com a edição do jornal *The Guardian* de 17 de setembro de 1977, tremia de medo nos momentos que precediam sua entrada no palco.

QUADRO CLÍNICO

O mais característico da fobia social é o medo de uma variedade de situações nas quais outras pessoas possam estar formando uma opinião ou fazendo um julgamento sobre ela. O termo mais adequado para o transtorno talvez seja fobia de ser avaliado, já que a ansiedade não se restringe às situações sociais, mas também à ansiedade de desempenho. É importante salientar que, embora o fóbico social possa temer multidões, isso ocorre em virtude do medo de ser observado e avaliado, e não pelo temor de sentir-se preso ou sufocado, como ocorre na agorafobia.

Os seguintes temores costumam surgir a partir do temor central:

- de parecer ridículo ou bobo;
- de pessoas desconhecidas;
- de ser o centro das atenções;
- de não saber o que se espera dele;
- de falar com pessoas em posição de autoridade;
- de cometer erros.

De acordo com o DSM, a característica essencial da fobia social é "um medo ou ansiedade acentuados e persistentes de situações sociais nas quais o indivíduo pode ser avaliado pelos outros". A exposição a essas situações provoca quase sempre uma resposta imediata de ansiedade, cujo medo é geralmente reconhecido como exagerado ou irracional.

As situações sociais ou de desempenho pelo fóbico social são evitadas ou toleradas com acentuado sofrimento. O diagnóstico só é feito se a esquiva ou desconforto interferirem de modo significativo na rotina diária de trabalho, vida escolar, social, ou se houver sofrimento intenso devido a eles.

A seguir elenco as situações desencadeantes de ansiedade mais comumente observadas:

- falar em público;
- comer, beber e escrever diante das pessoas;
- conversar;
- ir a festas ou reuniões;
- estar em ambientes em que estejam outras pessoas (transportes coletivos, clubes, escola, lojas);
- falar ao telefone;
- estar em situações de flerte (paquera).

Quando vive uma dessas situações ou simplesmente a antevê, o fóbico social experimenta grande desconforto, que é acompanhado de sintomas físicos, como palpitação, sudorese, diarreia, tremor, tensão muscular e rubor facial. Quanto mais intensos forem esses sintomas, maior será a preocupação de que as pessoas os percebam, sobretudo os mais visíveis, como tremor, rubor facial e suor excessivo, o que piora a ansiedade e o constrangimento.

Em relação aos sintomas psíquicos, temos o sentimento de confusão, vergonha e humilhação. Entre as cognições (distorções na percepção), a principal é acreditar que está sendo avaliado pelos outros em situações sociais e de desempenho, como falar em público. Mas os fóbicos sociais também sofrem de autodepreciação, atribuem a si mesmos pouco valor, superestimam a probabilidade de as coisas não darem certo e têm sempre a ideia de que estão sendo observados ou avaliados.

Embora não seja uma regra absoluta, boa parte deles são tímidos. No entanto a timidez, bem mais comum que a fobia social, não é o suficiente para se fazer o diagnóstico. Não basta a falta de autoconfiança, de desenvoltura social e de relutância para se aproximar das pessoas e o policiamento excessivo do próprio comportamento.[2] A esquiva ou desconforto em situações sociais ou de desempenho, além dos sintomas físicos, estão presentes de forma robusta na fobia social, o que leva a um prejuízo mais acentuado no dia a dia.[3]

É frequente observar, também, entre os fóbicos sociais, como característica associada, a insegurança, que se manifesta sobretudo por meio de um comportamento pouco assertivo. Fóbicos sociais têm dificuldade de dizer não, de impor limites, de expressar o que desejam e o que os desagrada.

O medo de um mau desempenho em situações sociais compõe o núcleo da ansiedade social. Seja qual for a sua forma, há um pré-requisito absolutamente necessário para o seu diagnóstico: a presença de outras pessoas. Fóbicos sociais são capazes de escrever, comer, beber, cantar e ler em voz alta, desde que estejam sozinhos. É a ansiedade quando realizam algo diante dos outros que caracteriza o quadro de fobia social.[4] A ansiedade pode levar essas pessoas a recorrerem a truques do tipo engessar um braço para não ter que escrever diante dos outros, usar cremes faciais para ocultar o rubor, usar óculos de sol para não incomodar os outros com o próprio olhar, ou usar somente roupas escuras, para disfarçar o suor excessivo.

Há dois subtipos de fobia social descritos na literatura científica: o subtipo circunscrito, em que a ansiedade se restringe a uma ou duas situações, e o subtipo generalizado, em que a esquiva e o desconforto sociais ocorrem em todas ou quase todas as situações. Embora haja autores que façam uma distinção qualitativa entre os dois subtipos, afirmando que no primeiro caso predomina a ansiedade de desempenho e no segundo, a de contato interpessoal (interação social), a meu ver os dois subtipos refletem apenas a maior ou menor gravidade do quadro.

TRATAMENTO MEDICAMENTOSO

Embora por vários anos a fobia social tenha sido considerada um transtorno ansioso negligenciado pelos pesquisadores,[5] já existem remédios bastante eficazes para seu tratamento. Medicamentos conhecidos como betabloqueadores (atenolol e propranolol) são úteis no controle do tremor e da taquicardia.[6] Pessoas com problemas para falar em público, escrever, comer ou beber diante dos outros podem se beneficiar com medicamentos dessa classe.

AVISO

Conforme mencionado anteriormente, não tome os medicamentos por conta própria. Eles devem ser prescritos somente por médicos, que podem avaliar seu benefício e os potenciais riscos.

A título de esclarecimento, os betabloqueadores jamais devem ser prescritos a pessoas que sofrem de asma ou de insuficiência cardíaca, pois as consequências podem ser graves. Portanto, se está inclinado a usar um medicamento como esse, procure um médico.

Outros medicamentos de primeira linha prescritos para fóbicos sociais são os antidepressivos.

Há estudos mostrando que os inibidores seletivos de recaptação da serotonina, como a paroxetina, a sertralina e o escitalopram, são eficazes no tratamento da fobia social,[7] assim como o inibidor dual de recaptação de serotonina e noradrenalina, a venlafaxina.[8]

EXPOSIÇÃO: ALGUMAS DIFICULDADES

Ao se elaborar um plano de exposição para o pânico ou para a agorafobia, sabe-se que o cumprimento das tarefas só depende da própria pessoa. No pânico, bastam alguns minutos diários de exposição interoceptiva em casa. Na agorafobia, a pessoa constrói uma hierarquia e aos poucos vai se expondo.

As maiores limitações da exposição na fobia social estão, em primeiro lugar, no fato de as situações sociais e de desempenho nem sempre se encontrarem à disposição, sendo menos previsíveis. É o caso de alguém que tenha que falar em público, seja proferindo uma palestra, seja participando de uma reunião de trabalho em que seja necessária fazer uma apresentação. É mais difícil construir uma hierarquia nessas condições, embora em outras, como escrever, comer e beber diante dos outros, seja mais fácil. Também não é a todo momento que surgem convites para festas.

Em segundo lugar, a duração de um evento como tomar um cafezinho ou entabular uma conversa pode ter a duração de poucos minutos.[9] Tudo isso limita a eficácia da exposição que, conforme citado no capítulo 3, deve ser repetida e prolongada. E há também algumas situações de ansiedade social que são de difícil repetição. É o caso de entrar em um salão para cortar o cabelo. Na exposição para a agorafobia, você pode entrar e sair dos vagões do metrô quantas vezes forem necessárias para haver habituação, mas não pode fazer o mesmo quanto a cortes de cabelo. Então, como contornar o problema? Bem, para algumas situações é possível construir hierarquias, sobretudo com temas bem distintos, conforme mencionei anteriormente. Quando isso não é possível, pode-se procurar um tema comum, e a hierarquia é construída a despeito do contexto, ou seja, as situações podem ser várias. Isso pode ser bem aplicado a pessoas que têm medo de conversar. A hierarquia pode ser construída, então, de acordo com os lugares e o tipo de pessoa. Vou dar um exemplo:

- Conversar com um primo — 2
- Conversar com um funcionário de supermercado — 3
- Conversar com um colega de trabalho — 5
- Conversar com o chefe — 7
- Conversar com um estranho em uma reunião — 8
- Conversar com um estranho em uma festa — 9
- Conversar com uma pessoa por quem se sinta atraído — 10

O tema comum a esses itens poderia ser uma preocupação relativa ao que essas pessoas estariam pensando sobre você durante a conversa.

Quando a construção de uma hierarquia se torna de fato inviável, o melhor a ser feito é praticar a exposição de forma não sistematizada. A recomendação é que você se concentre em praticar uma série de exercícios diariamente, procurando se expor e tolerar o desconforto que isso vai causar. Os exercícios variam desde cumprimentar e falar rapidamente com as pessoas até participar de reuniões. O importante é que você se engaje nessas tarefas durante pelo menos uma hora por dia. Gillian Butler, em seu estudo sobre exposição com fóbicos sociais, mostrou que os que fizeram isso algumas horas por semana obtiveram melhora da ansiedade.

Quanto ao segundo problema, o da curta duração de situações, como falar rapidamente com alguém, entrar em uma sala cheia de gente, tomar um cafezinho, o problema pode ser sanado com repetições frequentes das tarefas. Vou exemplificar citando um caso que atendi há muitos anos. Dayse, uma mulher de 36 anos, me procurou com a queixa de sentir-se apavorada quando tinha de usar as mãos diante de outras pessoas, particularmente na hora de preencher e assinar cheques ou tomar alguma bebida. O quadro se iniciou aos dezoito anos, quando percebeu que não podia escrever na frente dos outros. Ela tremia, ficava ansiosa e as pessoas percebiam, o que a deixava mais nervosa ainda. Embora não evitasse sair de casa, quando o fazia ficava tensa, sobretudo se fosse comer ou tomar uma cerveja na companhia de outros. Ela não deixou de sair com os amigos, mas evitava comer e beber na presença deles. Com o tempo, foi se isolando cada vez mais, permanecendo mais tempo em casa, e passou a não ir mais a festas. Evitava também dirigir, por achar que iria tremer.

Para Dayse, o maior problema era o tremor que surgia quando usava as mãos. Qualquer situação que implicasse escrever diante dos outros recebia nota dez para a ansiedade. Era impossível começar por aí. Entretanto, tomar uma bebida não lhe parecia tão dramático. Conseguimos, então, construir uma hierarquia cujo arranjo ficou assim:

- Tomar um refrigerante em lata na padaria – 3
- Tomar um copo de café com leite na padaria – 4
- Tomar um cafezinho na casa de uma amiga íntima – 5
- Carregar uma bandeja, mas não servir o café – 7

- Tomar um café em sua casa na presença de uma pessoa mais formal – 8
- Tomar café na casa dos outros – 10
- Servir uma xícara de café para uma visita – 10

O tremor que Dayse apresentava era efetivamente intenso. Após conversarmos sobre a conveniência de uma medicação, ficou estabelecido, de comum acordo, que ela faria uso de propranolol diariamente. A medicação diminuiu o tremor, mas não eliminou o medo. Dayse foi incentivada, a princípio, a fazer exposição, na imaginação, às situações estabelecidas na hierarquia, mas não ficou muito entusiasmada com a ideia. Partimos, então, para a exposição ao vivo, na qual ela foi orientada a repetir cada item da hierarquia o maior número de vezes possível. Isso produziu um resultado excelente: em pouco tempo, Dayse conseguia tomar qualquer tipo de bebida na presença de outras pessoas. O sucesso inicial incentivou-a a ir adiante, e ela se propôs a comer e também a tricotar em um shopping center. Em poucas sessões de exposição, houve habituação. Dayse quis partir, em seguida, para o que mais a atormentava: preencher e assinar cheques em público. Separei, propositadamente, as ações de "preencher" e "assinar", pois ambas geravam graus diferentes de ansiedade, mas não foi possível a construção de uma hierarquia com várias situações. Como preencher e assinar cheques eram tarefas efêmeras, propus à paciente que solicitasse diversos talões de cheque ao banco, fosse ao shopping center e fizesse pequenas compras, pagando todas com cheques (algo impensável nos dias de hoje, eu sei).

A paciente, a princípio, não conseguiu, mas me perguntou se poderia começar com cheques já assinados, tendo apenas que preenchê-los. Eu concordei e mais uma vez funcionou. A razão de usar tantos cheques se deu em virtude da curta duração da tarefa e da necessidade de ter que compensar essa pequena duração com uma frequência maior.

Não foi uma tarefa fácil fazer com que ela se expusesse. Dayse tinha por hábito se observar excessivamente. Ao tomar café, por exemplo, ficava observando se a colher balançava em suas mãos, como um indicativo de tremor. Nos exercícios com o cheque, a cognição que mais surgia era: "Vou tremer". Orientei-a a questionar a certeza que tinha sobre esse pensamento, o quanto ela poderia caracterizá-lo como "favas contadas".

Aos poucos a ansiedade foi diminuindo, e ela se propôs a assinar os cheques na frente das pessoas. Sugeri que fosse ao supermercado várias vezes ao dia, fazendo pequenas compras em vez de uma compra grande de mês, e pagasse sempre com cheque. Cheguei a propor que, assim que tivesse terminado o preenchimento de um cheque, fingisse que havia errado algo, só para ter que fazer outro. O objetivo desse expediente, claro, era aumentar o tempo de exposição. Houve períodos de insegurança e algumas vezes ela quis que sua irmã estivesse com ela no supermercado ou no shopping center. Como a dificuldade persistiu, sugeri que incluísse o banco entre as tarefas de escrever e assinar (sacar dinheiro e preencher guias de depósito).

Ela descrevia sensações muito ruins quando tinha de assinar: "Parece que um trem está passando em cima da minha cabeça". Eu respondia que sabia que era uma sensação ruim, mas ao mesmo tempo ficava satisfeito por ela estar fazendo o exercício, apesar de toda a dificuldade. Finalmente, ela conseguiu fazer a exposição com tal frequência que a ansiedade foi diminuindo e houve grande melhora do quadro.

Por conseguinte, Dayse resolveu tirar sua carteira de habilitação, o que postergava desde os dezoito anos. Quando foi à autoescola, soube que tinha de fazer uma prova, o que gerou pensamentos do tipo "não vou conseguir" e "vai ser um vexame". Perguntei-lhe se tinha certeza disso, uma vez que já era capaz de preencher e assinar cheques sem tremer. Certeza ela não tinha, mas sentia muito medo de falhar. Eu lhe disse: "Dayse, você só saberá que falhou se fizer a prova". Na sessão seguinte, ela estava eufórica. Havia sido aprovada. O mais interessante foi que a prova durou cerca de uma hora e meia, mas a ansiedade maior ocorreu nos primeiros minutos e logo passou. A expectativa negativa foi muito maior que a realidade.

Dayse deu continuidade aos exercícios de exposição, sendo estimulada a fazê-los sozinha e com maior frequência. Entretanto, esse foi um período de dificuldades, com a paciente esquivando-se bastante e parecendo desmotivada. As dificuldades com a exposição no supermercado e no banco continuavam, e ela parecia sentir falta de um objetivo maior, como um trabalho. Após obter aprovação no exame escrito, fez o prático e também foi aprovada. Isso pareceu tê-la deixado mais animada, pois, depois de muitas idas ao supermercado, a ansiedade caiu para zero. Ela arrumou trabalho na loja de uma amiga, mas, apesar de já habilitada para dirigir, não conseguia pegar o carro. Fez aulas de reforço na autoescola, mas locomovia-se com dificuldade e limitada a certos horários. Essa dificuldade não foi totalmente superada.

"Apesar de eu me expor, a ansiedade não melhora!"

Várias pessoas, por mais que enfrentem as situações, não conseguem se habituar a elas. Algumas, no ambiente de trabalho, mesmo estando em contato com os colegas boa parte do dia, continuam a sentir grande desconforto. Outras falam em público, comem e bebem diante das pessoas, e ainda assim não melhoram.

Nesse caso é preciso averiguar se não está havendo uma dissociação. Explico: algumas pessoas, embora estejam na situação proposta, procuram fazer de conta que não estão. É como se estivessem presentes de corpo, mas não de alma, e isso diminui muito o poder da exposição para que ocorra a habituação. A chave do problema está em entregar-se por inteiro a cada situação à qual você vai se expor. Por vezes, nem importa muito se você está falando ou apenas ouvindo, pois o que interessa é estar conectado àquele contexto, e não alheio a ele.

Outro problema que pode explicar a falta de habituação é o uso de expedientes de esquiva, denominados "comportamentos de proteção". Um de meus pacientes, quando dava palestras em sua empresa, segurava firmemente a borda da mesa com uma das mãos, para sentir-se mais seguro, enquanto punha a outra mão para trás, na intenção de ocultar o tremor. Ele ainda fixava o olhar em um ponto qualquer do auditório que não fosse uma pessoa, e falava o tempo todo para esse ponto.

Outro paciente, ao almoçar no refeitório da empresa em que trabalhava, procurava sempre uma mesa de canto e permanecia de costas para as outras pessoas. Nesse exemplo dá até para entender por que os fóbicos sociais às vezes são vistos como autossuficientes.

Uma paciente, sempre que precisava preencher um formulário ou uma ficha cadastral, pedia licença e ia para um canto, longe de todos, para fazê-lo. Embora esses comportamentos aliviem momentaneamente os sintomas fóbicos, eles só servem para prolongar ainda mais o problema. Portanto, devem ser postos de lado.

Uma técnica que pode ser utilizada com sucesso para favorecer a habituação é a de provocar sintomas físicos de ansiedade. Por exemplo, se você transpira exageradamente na presença de outras pessoas, procure manter-se afastado de janelas ou locais refrigerados e use roupas mais quentes, ou uma malha extra. Pode parecer difícil, mas isso funciona muito melhor do que passar o tempo todo na janela ou usar roupas leves e escuras para disfarçar o suor.

É sabido que a exposição na fobia social não apresenta os mesmos bons resultados conseguidos na agorafobia ou nas fobias específicas, e que isso ocorre em razão da imprevisibilidade e da curta duração de algumas situações sociais e de desempenho. O que pouca gente sabe é que já existe um tratamento realizado em consultório com exposição a imagens em três dimensões. Aqui no Brasil esse programa foi idealizado e desenvolvido no Amban do IPq-HCFMUSP, pela psicóloga Cristiane Maluhy Gebara: o aplicativo SocialUP3D, com o qual foi realizado um estudo a fim de mostrar sua eficácia.[10] Para mais informações, acesse o site <http://socialup3d.com>.

A PRÁTICA PODE LEVAR À PERFEIÇÃO

Conforme mencionado, a exposição às situações sociais e de desempenho parece não levar a resultados conseguidos na agorafobia. O melhor a fazer, então, é a associação de outras técnicas.

O treino de habilidades sociais é uma delas. Devo ressaltar, no entanto, que a condição ideal para sua prática é que a pessoa esteja sob a orientação de um terapeuta com experiência em técnicas comportamentais e cognitivas. O treino de habilidades sociais é um conjunto de procedimentos elaborados com o objetivo de ensinar um comportamento social efetivo.[11] Sua abordagem é educativa, e os comportamentos são modelados pelo terapeuta e repetidos pelo paciente. Assim, os pacientes aprendem, entre outras práticas, a falar sem desviar excessivamente o olhar, a falar em um tom de voz adequado, a estender a mão ao cumprimentar alguém em vez de encolher o braço. O procedimento é usado também em grupos terapêuticos para, por exemplo, simular uma paquera. Tudo isso, no entanto, é útil para quem se encontra em um processo terapêutico, seja individual, seja em grupo.

Levanto aqui a questão: como isso pode ser aplicado fora dessas situações? Gostaria de ter uma resposta pronta, mas infelizmente não é o que ocorre, mesmo porque existem poucos estudos que abordam essa técnica. O que vou procurar fazer então é transmitir um pouco da minha experiência nas vezes em que a utilizei. Há algumas dicas valiosas, sobretudo para os muito tímidos e que apresentam dificuldade no contato interpessoal. Aí vão algumas:

1. Ao chegar ao trabalho, sorria e procure cumprimentar as pessoas. Dê um bom-dia (ou vários, se possível) em alto e bom som. Parece bobagem, mas as pessoas podem vê-lo de maneira diferente, mais amistosa, uma vez que os fóbicos sociais, por causa de sua retração, costumam ser vistos como antipáticos ou arrogantes. A propósito, ao sair, procure também se despedir. Faça isso olhando para as pessoas e observe se isso muda a atitude delas com você. E também se você passa a se sentir melhor.

2. Procure puxar conversa com os colegas no trabalho e em ambientes sociais. Difícil? Sem dúvida, ainda mais para você, cuja dificuldade maior é exatamente essa. Mas não é impossível. Um truque útil é fazer perguntas. Com isso, você vai deixar de ser o foco das atenções, que passa a ser o interlocutor. Pratique com os vizinhos.

3. Se você for tão tímido a ponto de não conseguir dar o passo anterior, procure fazer perguntas simples às pessoas em lojas ou mesmo na rua: que horas são, onde fica determinado lugar, como chegar a tal rua. É trivial, porém vai gerar ansiedade, o que é muito útil. Nunca é demais lembrar que, enquanto você faz o treino de habilidades sociais, está ao mesmo tempo se expondo. Por exemplo, todo mundo vai ao supermercado, certo? Então, enquanto faz suas compras, pergunte aos funcionários sobre produtos que você não encontra (ou faz de conta que não encontra), suas especificações etc. Tente prolongar essas conversas pelo maior tempo possível. Lembre-se de que você estará apenas treinando como iniciar e manter uma conversa.

4. Lute para não ficar à parte. Mesmo que você não seja de muita conversa, procure a companhia das pessoas e faça o máximo para participar de alguma forma. Não se esqueça de que o jeito mais fácil é fazendo perguntas.

5. Ao responder perguntas, evite ser monossilábico, isto é, dar respostas do tipo "sim", "não", "é", "hum-hum". Ao responder a uma pergunta, procure fazer algum comentário sobre o assunto. Por exemplo, alguém pode lhe perguntar: "Bom esse filme, não?". Você poderia responder simplesmente "sim", ou pode dizer algo como: "Sim, é muito bem-feito". A diferença entre as duas maneiras de responder é que na primeira pode-se dar a impressão de querer cortar o papo, e na segunda é oferecido um gancho para que a conversa continue.

Como mencionei, a condição ideal para o treino de habilidades sociais se dá com a terapia cognitivo-comportamental. Uma vez que essa condição nem sempre é possível, você pode lançar mão de alguns expedientes que, embora não substituam a função da terapia, possibilitam o desenvolvimento de habilidades sociais.

Diz um conhecido ditado: "Quem não tem cão, caça com gato". Pois bem, se a figura do terapeuta não se encontra disponível, você pode treinar com alguém que lhe seja próximo. Faça o treino com um familiar com quem tenha afinidade ou um amigo íntimo, usando o comportamento dele como modelo. Observe como ele se comporta e procure agir de modo semelhante. Isso poderá produzir bons resultados. O importante, contudo, é que você mesmo encontre uma maneira de se portar diferente da que tinha até então, isto é, desempenhe suas habilidades e, a partir daí, desenvolva suas próprias regras sobre a melhor maneira de se comportar socialmente.

Atividades em grupo

Tenho insistido muito com meus pacientes nesse ponto. A procura por atividades realizadas em grupo é de grande importância no desenvolvimento de habilidades sociais, bem como na diminuição da ansiedade, em razão da exposição. As atividades podem variar bastante: a prática de um esporte coletivo, um simples carteado ou algumas aulas de teatro. Grupos de autoajuda também podem ser úteis para a exposição e o desenvolvimento de habilidades sociais em fóbicos sociais. Entretanto, nesses anos de experiência tratando de pessoas que sofrem de fobia social, tenho tido bons resultados ao incentivar meus pacientes a procurar cursos de dança de salão. A dança está para o fóbico social como a natação para os outros esportes, ou seja, é uma atividade completa. Nela, a pessoa realiza algum tipo de desempenho (dançar), interage socialmente, e, claro, encontra-se sujeito a situações de paquera. Muita gente que se sente solitária procura a dança de salão para conhecer pessoas. Penso que essa atividade é uma oportunidade de ouro para quem tem fobia social.

E então você vai me dizer: "Mas eu não sei dançar". E eu vou lhe responder que o curso serve exatamente para você aprender. "E se eu pisar no pé de alguém?" Paciência. Você está lá para praticar, e só aprende quem erra. "Mas eu não gosto de dançar." Embora isso seja um pouco mais complicado, eu procuraria encarar a dança como uma espécie de remédio. Às vezes é amargo, porém eficaz. Portanto, procure dançar. Faz bem para a alma e para a saúde. Você vai sentir isso. Experimente, ainda que, a princípio, seja apenas para observar como as pessoas se comportam, e a partir daí modelar, isto é, reproduzir o comportamento delas.

Outras dicas

1. Procure sempre enfrentar as situações em vez de se esquivar delas.
2. Ouça as pessoas com atenção e faça mentalmente uma lista de tópicos que possam ser incluídos na conversa.
3. Demonstre interesse em falar e participar.
4. Procure falar claramente em vez de murmurar.
5. Seja tolerante com silêncios que possam ocorrer em meio às conversas. Você vai ver que eles não matam nem você nem a pessoa com quem está conversando.
6. Aprenda a tolerar a crítica ou a discordância das pessoas, levantando deliberadamente pontos controvertidos em algum tema polêmico.

7. Tente copiar o comportamento de pessoas que você tenha como modelo: amigos, colegas de trabalho. Isso ajuda bastante.
8. Não seja econômico nas palavras nem apenas balance a cabeça ao responder perguntas. Você não deve ser monossilábico.
9. Faça perguntas abertas, que permitam respostas mais longas. Exemplo: "Como foi o período em que você morou fora?". Evite perguntas que possam gerar respostas curtas, o que dificulta uma conversa. Exemplo: "Você gosta de pizza?".

REESTRUTURANDO OS PENSAMENTOS

Admite-se, por meio de pesquisa e observação clínica, que o medo da avaliação negativa por parte dos outros e algumas outras cognições tenham papel importante na fobia social, ao menos em sua manutenção.[12] Assim, os fóbicos sociais seriam ansiosos por sustentarem suposições que os fariam prever a rejeição por parte dos outros devido ao seu comportamento.[13]

Outros medos que surgem nessas pessoas são o de serem e/ou de parecerem incompetentes. Sintomas como suor excessivo, tremores e rubor facial podem ser interpretados como indicativos de incompetência, levando à inibição do comportamento. Além disso, os fóbicos sociais tendem a perceber comentários ou comportamentos inofensivos como indicadores de crítica ou desaprovação. Costumam também subestimar o próprio desempenho. Tudo isso evidencia claramente que os fóbicos sociais distorcem a percepção que têm dos outros e de si mesmos.

A reestruturação cognitiva parece produzir bons resultados, sobretudo quando é associada à exposição. A técnica visa basicamente à modificação dos pensamentos distorcidos, procurando identificá-los e corrigi-los.

Caça aos fantasmas

Se não tiver um terapeuta à sua disposição, o ideal é procurar se empenhar em algumas tarefas, cujos passos básicos são descritos a seguir.

1. Ao sentir-se desconfortável ou ansioso em uma situação social, procure fazer a si mesmo a seguinte indagação: "O que é que está passando em minha mente agora?". Anote os pensamentos ou imagens que lhe ocorrerem. É importante anotá-los, pois assim você entrará em contato com eles um maior número de vezes. Este é um dado importante, pois muitos fóbicos não têm a menor ideia do que se passa na própria mente. Conforme já mencionado, identificar o inimigo é meio caminho andado. E você vai constatar que muitos pensamentos negativos estavam passando despercebidos em sua mente. Se não for possível identificar os pensamentos no momento em que eles surgirem, use a memória, procurando recordar-se com detalhes do que se passou em sua mente, e anote, fazendo uma espécie de retrospecto.

2. De posse desses pensamentos, explore opções mais lógicas para eles. Você pode pensar, por exemplo: "Como estou suando, todos perceberão e me acharão ridículo". E ter como alternativas para esse pensamento algo do tipo: "É verdade que estou suando, mas será que todos estão percebendo?"; ou "Por que as pessoas olhariam apenas para mim?"; ou, ainda, "Que indícios posso perceber de que estão me achando

ridículo?". Esse tipo de questionamento pode modificar o sentido dos seus pensamentos, deixando-o menos ansioso em uma situação social.

3. Pergunte a si mesmo o que poderia acontecer de pior caso ocorresse o que você teme. Por exemplo: "Se eu for puxar conversa com aquela garota (ou garoto), ela nem vai me olhar na cara". Aqui o que pesa é o medo do fracasso, de ser incompetente. Como se a competência de alguém fosse medida pelo número de abordagens bem-sucedidas. De qualquer modo, no exemplo citado, só tentando você vai saber se haverá ou não receptividade. E, se ela não quiser conversa, significa que você é um fracasso? Pense nisso. Além disso, você se interessa por todas as pessoas? Claro que não. Portanto, é perfeitamente aceitável que outras garotas também não se interessem por você. A chave do problema está em perguntar a si mesmo: "E daí?", quando algo não sai conforme o esperado. Quer dizer, qual a consequência catastrófica que isso terá em sua vida? Asseguro que a chance de você encontrar alguma é remota.

4. Aprenda a encarar seus pensamentos como hipóteses, e não como fatos. Teste essas hipóteses na realidade e verifique se estão ou não corretas. Se você estiver ansioso ou envergonhado durante uma reunião ou uma festa e pensar "devem estar me achando um idiota", pergunte a si mesmo se não haveria outras pessoas ansiosas ou envergonhadas na situação e se elas parecem igualmente idiotas.

5. Procure perceber e se conscientizar do grau de perfeição que exige de você mesmo nas situações sociais e de desempenho. É tolerável cometer um erro? Ou isso é o fim da linha

para você? Ou ainda, é preciso acertar sempre? Ou sentir-se bem sempre?

6. Evite pensar na base do "tudo ou nada". Cognições do tipo "ninguém gosta de mim" ou "preciso agradar a todos" são frequentes. Na verdade, todos nós sabemos que é impossível agradar a gregos e troianos. Além disso, é importante ter em mente que você pode se sair bem sem ter que contar com a aprovação de todos.

7. Faça observações breves ao conversar com as pessoas. Não é preciso ser o máximo em eloquência para ter um desempenho social satisfatório. Afinal, você não está em um palanque. As pessoas apreciam mais os bons ouvintes do que os que falam demais. Além disso, elas não costumam ser afeitas a grandes discursos, sobretudo quando estão se conhecendo. Pensar que se deve falar sem parar é apenas um mito.

8. Não embase seu próprio valor na sua capacidade de desempenho diante das pessoas. É comum a preocupação excessiva com a avaliação dos outros, o que dispara cognições do tipo "se eu não me sair perfeitamente bem, vai ser um desastre".

9. Ao lidar com pessoas em posição de autoridade (chefes, professores ou outras posições hierarquicamente superiores à sua) e se sentir ansioso, procure averiguar o quanto você se diminui e o quanto engrandece essas figuras.

APRENDENDO A SER ASSERTIVO

Pessoas que sofrem de ansiedade social têm muita dificuldade para se posicionar diante de várias situações. Vamos a algumas questões:

- Você tem facilidade para se livrar de um vendedor insistente?
- Se está em um restaurante e constata algo errado em seu prato (está ruim, frio ou tem um inseto), você chama o garçom e reclama?
- Devolve mercadorias que estejam estragadas ou com defeito?
- Reclama quando pessoas furam a fila à sua frente?
- Protesta quando é obrigado a esperar muito tempo para ser atendido em algum lugar?
- Consegue negar-se a fazer um favor que não queira fazer?
- Fica contente quando recebe um elogio?
- Costuma ser franco e espontâneo em relação ao que sente?
- Sabe elogiar as pessoas quando elas merecem o elogio?
- É capaz de discordar de um ponto de vista ou opinião sobre um assunto relevante?

Quanto maior o número de respostas positivas a essas questões, maior será a sua assertividade. Se esse não for o seu caso, há maneiras práticas de incrementá-la.

Saber dizer "não", por exemplo, pode ser ao mesmo tempo uma arte e uma ciência. Vamos supor que você tenha entrado em uma loja, experimentado uma camisa e, apesar de ter gostado um pouco dela, resolveu não comprá-la. A situação que costuma ocorrer com uma pessoa pouco assertiva é que, ante a insistência do vendedor, ela acabe comprando. Vamos supor, agora, que você fosse uma pessoa assertiva. O seguinte diálogo poderia ocorrer:

Vendedor: — Ficou muito bem em você.
Você: — É verdade, mas não vou levar.
Vendedor: — A cor é linda e está na moda.
Você: — Apesar de ser linda e a cor estar na moda, não vou levar.
Vendedor: — Combina com o seu tom de pele.
Você: — É verdade, mas não vou levar.
Vendedor: — Olha só, o tecido é importado e o preço está em promoção.
Você: — Mesmo assim, não vou levar.
Vendedor: — Se quiser, pode pagar em quatro vezes.
Você: — Não, eu não vou levar, obrigado.
Vendedor: — Está bem.

Essa técnica, conhecida como "disco riscado", foi descrita com detalhes por M. J. Smith, e tem se mostrado bastante eficaz.[14] Consiste em dizer não sistematicamente, como um disco defeituoso, até cansar, ou até saturar seu interlocutor, fazendo com que ele desista ou ceda. Infelizmente, já houve casos de pessoas que compraram imóveis sem a intenção de fazê-lo, apenas por não conseguirem dizer não ao corretor. Experimente, então, praticar, entrando em lojas, experimentando roupas, admirando enfeites, ouvindo discos e testando automóveis, sem levar nada.

É claro que o comportamento assertivo não se restringe à capacidade de dizer "não". No contato interpessoal, por exemplo, é preciso que você se dê a conhecer, expressando o que gosta e o que não gosta de fazer. Ou seja, que faça autorrevelações. Lembre-se, contudo, de que fazer autorrevelações e se dar a conhecer não implica que você escancare sua vida íntima a um estranho em um primeiro contato. Revelações mais cotidianas, sobre atividades profissionais, interesses gerais e lazer funcionam bem nos primeiros diálogos.

Procure também elogiar as pessoas, desde que o faça com sinceridade. Expressar o que sente é outra forma de ser assertivo. Por outro lado, não engula sapos. Fale claramente quando algo o desagradar, sem ser agressivo. Lembro-me de um homem que berrava, em pé, à mesa de um restaurante, para os garçons: "Vocês só sabem fazer merda!". Uma atitude que não o levou a receber melhor atendimento e deixou sua esposa e filhos constrangidos, bem como os outros clientes do restaurante. Isso não é ser assertivo: é apenas agressividade gratuita. Esse homem deveria ter solicitado a presença do maître e se queixado da qualidade do serviço.

SOBRE O MEDO DE FALAR EM PÚBLICO

Entre as situações que geram ansiedade de desempenho, falar em público é a mais comum, podendo causar grandes problemas. Desde que comecei a tratar fóbicos sociais, já vi pessoas que se demitem, abrindo mão de suas carreiras, por causa dessa dificuldade. É o caso, por exemplo, de alguém que está em determinada função, na qual tem pouco contato com outras pessoas, e é promovido a outra em que tenha que fazer apresentações. A recusa da promoção muitas vezes leva à demissão. Trata-se de um problema sério.

Infelizmente falar em público é uma das situações de menor previsibilidade, isto é, nem sempre surgem ocasiões para fazê-lo, o que dificulta muito a habituação.

Os betabloqueadores ajudam pessoas que têm que dar palestras, seminários e conferências, diminuindo a taquicardia e o tremor. Em geral, são tomados cerca de uma hora antes do evento. Procure informar-se com seu médico.

Exposição na imaginação pode diminuir a ansiedade. Você deve elaborar todos os passos do seu evento — uma palestra, por exemplo — e imaginar-se repetidas vezes naquela situação. Use como modelo de referência o exemplo de dessensibilização sistemática usado para o metrô, no capítulo 3.

Cursos de oratória também podem surtir efeito. Neles, são ensinadas técnicas para otimização do desempenho, o que ajuda no controle da ansiedade. Além disso, realizar o curso já embute a função de exposição.

Uma outra ideia pode ser a de se expor, ensaiando seu discurso na frente de um espelho repetidas vezes, para que haja a habituação.

Uma alternativa que me parece interessante, e que usei em um caso, é gravar um vídeo do desempenho da pessoa em público. Vera, uma paciente que atendi, tinha uma função burocrática quando, repentinamente, foi deslocada para o setor de recursos humanos, tendo que começar a dar palestras. O fato a deixou apavorada, fazendo-a pensar em demissão. Para poder proferir suas palestras, obtinha calmantes prescritos por um clínico, mas que não produziam o efeito desejado.

A ideia de gravar uma de suas palestras em vídeo me ocorreu por ela ser uma pessoa expansiva, comunicativa e de tom de voz agradável. Ou seja, não parecia haver nada de errado com ela que pudesse prejudicar seu desempenho, exceto o fato de ela subestimar em demasia a própria capacidade.

Sugeri que alguém gravasse uma das palestras para que Vera a assistisse. Para minha surpresa, ela sentiu muita ansiedade ao assistir ao vídeo, como se estivesse revivendo a situação original. Para a própria surpresa, ela avaliou o desempenho dela como sendo muito superior ao esperado. O resultado final foi uma considerável melhora da ansiedade de falar em público. Além disso, por desencadear ansiedade, o recurso de assistir ao vídeo pôde ser usado como forma de exposição.

Um caso difícil

Ricardo, de 31 anos, procurou o ambulatório de ansiedade do Hospital das Clínicas com queixa de problemas graves de relacionamento. O quadro começara havia cerca de dez anos, mas desde o colégio ele já percebia que tinha muita dificuldade para se aproximar das meninas. Não sabia como abordá-las e se sentia confuso. Com o tempo, o problema foi se acentuando e passou a ser o centro de suas preocupações. Até a data da consulta, ele ainda não havia tido uma relação sexual, fato que também o afligia. Sentia-se tão angustiado que trancou a faculdade, pois, nessa época, estava com dificuldade de concentração e vivia mal-humorado. Então iniciou uma psicoterapia para resolver os problemas.

Alguns meses depois, apesar dos obstáculos, iniciou um namoro que durou três anos. O fato lhe deu novo alento, e ele até voltou a estudar. Após o rompimento, porém, os problemas voltaram e, segundo ele próprio, só conseguiu se formar graças à ajuda dos colegas da faculdade. A preocupação de não conseguir ter uma namorada o entristecia tanto que ele não era capaz de fazer mais nada.

Mesmo formado, nunca havia tido um trabalho. Sentia-se inseguro, triste e muito solitário. Não tinha amigos e quase não saía de casa. Procurou diversos tipos de tratamento, mas nenhum surtiu efeito. Dormia de dez a doze horas por dia, sabendo que isso era uma fuga.

Quando Ricardo foi encaminhado para mim, já estava medicado com um antidepressivo e não procurava emprego pela insegurança. Chorava horas sem parar, sentindo-se só e muito aflito. Apresentava-se como alguém inseguro ao abordar as mulheres, pois achava que elas não simpatizavam com ele, por nunca serem receptivas. Quando tentava conversar com elas, "dava um branco", e ele ficava sem assunto. Se havia conversa, achava o próprio papo banal, pouco envolvente, e sempre cheio de silêncios, o que para ele era inadmissível. Considerava impossível ter uma namorada, pois sentia-se confuso, sem conseguir identificar uma sinalização positiva ou negativa por parte das garotas. Toda vez que ia abordar uma delas, seu coração disparava, não sabia o que dizer e tinha medo de sair humilhado da situação. Disse que seu constrangimento era visível, pois ficava vermelho. Sempre pensava que não estava agradando, que não era uma pessoa atraente e, por isso, não se sentia feliz consigo mesmo. Nas poucas vezes que teve a oportunidade de abordar uma garota, logo lhe ocorreram cognições do tipo "Não vai rolar", "Ela não vai dar bola para mim", ou "Essa mulher está num pedestal tão alto que eu nunca vou chegar lá". O paciente sentia-se deprimido e sem esperança de resolver os problemas.

Também queixava-se bastante da falta de um ambiente social, do contato com pessoas da sua idade e de ter lazer. Apesar de ter um amigo, pouco se encontravam. Além disso, ele parecia ter restrições à maneira como esse amigo pensava e se comportava, o que o levava a sentir-se mais isolado ainda provavelmente.

A partir desse ponto, incentivei-o a procurar lugares onde pudesse conhecer pessoas. Mas Ricardo sentia-se totalmente deslocado e sem iniciativa. Fiz uma alteração na medicação, o que também não produziu nenhuma mudança. Realizei algumas sessões de treino de habilidades sociais com simulação de situações, procurando modelar seu comportamento. Nenhum resultado foi obtido. Após mais uma troca de antidepressivo, ele pareceu um pouco mais animado. Entretanto, os problemas eram muitos, e ele se queixava frequentemente dos pais, que não o apoiavam e de quem exigia ajuda incondicional. Muitas vezes, culpava-os por estar nessa situação.

Resolvi, então, propor exposição assistida associada ao treino de habilidades sociais. Em razão da falta de amigos e pessoas que pudessem acompanhá-lo, eu me propus a ser o seu AT durante a exposição assistida. A ideia era que Ricardo e eu saíssemos juntos e fôssemos a lugares onde ele pudesse conhecer garotas. A perspectiva pareceu animá-lo.

Combinamos nos encontrar em um bar. Estudei o ambiente por alguns minutos e sugeri que nos sentássemos em uma mesa ao lado de outra em que havia três garotas. Sua reação foi instantânea: "Não, pelo amor de Deus, dr. Tito, vamos mais devagar". Optamos, então, por nos sentar em uma mesa mais distante. Era cedo ainda, e o lugar não estava cheio. Pedi-lhe que tentasse estabelecer contato visual com as garotas, dissesse o que percebia e observasse também o ambiente como um todo. Enquanto conversávamos e ele observava as pessoas, apareceu uma amiga minha acompanhada de outra moça. Inteirei Ricardo da situação e sugeri apresentá-lo a elas. Ele resistiu, e eu fui mais insistente. Chamei minha amiga e o apresentei a ela, que por sua vez nos apresentou sua amiga. Conversamos durante alguns minutos, e elas foram se sentar em outra mesa. Ricardo sentiu ansiedade e desconforto durante esse curto contato, mas gostou da experiência. Combinamos, então, que a repetiríamos em outra ocasião em um lugar mais movimentado.

Na semana seguinte, fomos a um bar maior e mais cheio de gente. Havia várias garotas sozinhas e incentivei Ricardo a observar se alguma delas o havia notado. De fato, havia uma moça em um grupo de outras quatro que parecia observá-lo. Mas ele negou o fato, afirmando que ela estava flertando comigo. Foi difícil saber, de fato, o que houve. Mas foi importante perceber que Ricardo nem sequer admitia a ideia de que uma mulher pudesse estar interessada nele, o que era uma distorção cognitiva de considerável relevância. Era como se ele pensasse o tempo todo: "Ninguém gosta de mim". Ele se recusou a tentar uma aproximação, e resolvi então eu mesmo abordar uma das garotas e solicitei que me observasse. Conversei com uma delas, cumprimentei as outras e o apresentei às moças. A experiência parecia caminhar bem, pois ele havia entabulado conversa com uma delas. Ao sairmos de lá, porém, ele só se diminuía, atribuindo todo o "sucesso" da noite à minha pessoa. Além disso, julgou que a própria conversa tinha sido boba e que a garota não havia gostado dele.

Tive a ideia de levá-lo a um curso de dança de salão, cuja professora eu já conhecia havia alguns anos, e o introduzi, assim, nessa prática. Ele ia às aulas muito a contragosto, mas ia. Achava-se desengonçado, sem jeito para a coisa e, ainda por cima, não achava suas parceiras de dança bonitas. Somou-se a isso o fato de o curso ocorrer semanalmente, uma situação longe de ser a ideal.

Decidi, por fim, encaminhá-lo a uma colega para que ele se submetesse a uma terapia cognitiva, pois concluí que o seu caso era difícil. Ele continuaria o acompanhamento médico e algumas técnicas de treinamento comigo e se aprofundaria nas distorções cognitivas com a terapeuta. A partir daí, tudo pareceu melhorar, mas a falta de um ambiente de contatos sociais mais constantes continuava a ser uma das suas queixas principais.

Ocorreu-me então a ideia de ele frequentar uma faculdade de psicologia como ouvinte. A escolha do curso de psicologia se deu pelo fato de a maior parte dos alunos ser composta de mulheres.

Foi uma boa ideia, pois isso, aliado à terapia cognitiva, parece ter sido fundamental na evolução do quadro de Ricardo, uma vez que ele teve a oportunidade de conhecer pessoas, sobretudo garotas, e ter uma convivência mais prolongada com elas. As distorções cognitivas, no entanto, persistiam.

Quando finalmente conheceu uma moça com a qual trocou telefone, Ricardo afirmou categórico: "Para que ligar se eu já sei que ela não vai querer sair comigo?". Propus que ele testasse a sua hipótese na realidade; que ligasse para ver no que dava. Mesmo porque, se ele não o fizesse, as chances de sair com ela seriam zero; ao passo que, se ligasse, as chances seriam, sem dúvida, maiores que zero. Procurei com isso fazer uma argumentação racional que pudesse minar a irracionalidade de suas crenças. Não foi fácil, mas eles acabaram saindo. No encontro, Ricardo quase morreu de desespero quando, a certa altura da noite, ela bocejou, o que o fez pensar que estava sendo uma companhia enfadonha. Se ele questionasse esse pensamento e abrisse um leque de outras possibilidades (o que não fez na ocasião), teria encontrado alternativas do tipo: "A moça pode estar cansada", "Ela pode estar tomando algum medicamento que dê sono", ou simplesmente "Talvez ela tenha o hábito de bocejar". A estratégia está em colocar a distorção cognitiva, ou pensamento negativo, em meio a outras possibilidades, pois assim ela passa a ser uma entre outras possibilidades, e não uma certeza. Afinal de contas, é muito diferente pensar "Estou sendo uma companhia enfadonha" de "É possível que eu esteja sendo uma companhia enfadonha, mas vou aguardar o desenrolar dos fatos para confirmar isso".

Para encurtar a história, Ricardo está namorando há mais de um ano. Reclama, sente-se insatisfeito e diz que não era exatamente o que esperava, mas está namorando, o que era seu objetivo quando iniciou o tratamento. Talvez ele seja tão exigente em relação às pessoas quanto é consigo mesmo, mas isso vai requerer trabalho adicional com sua terapeuta.

ALGUMAS SITUAÇÕES ESPECIAIS

Há pessoas que, em situações sociais ou de desempenho, ou mesmo fora delas, apresentam problemas como gagueira e tiques, como piscar os olhos em demasia. Uma técnica denominada "intenção paradoxal", desenvolvida por Viktor Frankl, pode ser de grande valia nesses casos. O procedimento é simples e consiste em exacerbar o problema em questão, tentando torná-lo pior. Por exemplo, se seu problema é piscar em excesso, então pisque mais ainda; se é gaguejar, gagueje mais; se são tremores nas mãos, intensifique o tremor. A intenção paradoxal parece funcionar extinguindo a ideia de que todos vão notar. Um colega psiquiatra, ao fazer exposição assistida com um paciente que se afligia com a ideia de que todos o observavam e o achavam ridículo, usava suéteres ao avesso e pés de meias de cores diferentes, aumentando dessa maneira a probabilidade de passar por um vexame. Ninguém notava nada!

Existem ainda outras aplicações úteis da intenção paradoxal. Muitas pessoas ansiosas têm dificuldade para conseguir adormecer. Nesse caso, elas são instruídas, via intenção paradoxal, a se manterem acordadas pelo tempo que for possível. O resultado é que, em geral, acabam adormecendo.

Outra aplicação é em homens que têm problemas para obter ereção por causa da ansiedade de desempenho e que ficam mais ansiosos por não conseguirem, o que piora ainda mais a inibição. A orientação é de que não tentem obter a ereção, nem tentem realizar a penetração. É claro que essa situação deve ser previamente combinada com a parceira, que deverá estar de acordo e não exigir uma ereção do parceiro. Dessa forma, a ereção costuma ocorrer durante a aplicação da intenção paradoxal. Ao tentar NÃO ter uma ereção, ela ocorre de modo espontâneo.

PARA FINALIZAR

Chama a atenção nos fóbicos sociais a excessiva preocupação com os próprios desempenho e conduta. É notável em todos eles o medo de cometer erros. Como se cometê-los significasse pôr tudo a perder. Como se errar não fosse fundamental para nosso aprendizado. Por isso, gostaria de citar apenas a primeira frase da crônica "Instantes", de autoria desconhecida, escrita em homenagem a Jorge Luis Borges: "Se eu pudesse viver novamente a minha vida, trataria de cometer mais erros".

5. Medos nem sempre tão simples

Há pessoas que não dirigem, outras que não entram em avião. Há quem não suporta a escuridão, e muitos que têm pavor de animais como insetos e pássaros, ou de porte maior, como cães. Há os que desmaiam ao ver sangue. Essas são as fobias específicas, antes conhecidas como fobias simples. Só que de simples elas não têm nada.

Há considerável conhecimento público sobre fobias específicas. Quem não se lembra do detetive que tinha fobia de altura, interpretado por James Stewart no filme *Um corpo que cai*, de Alfred Hitchcock? Ou do personagem do filme de Brian De Palma, *Dublê de corpo*, que era claustrofóbico? Filmes que abordam as fobias não faltam, e vão de Hitchcock a diretores menos conhecidos, como Frank Marshall, de *Aracnofobia*.

Quem não tem um amigo ou parente que sofre de algum tipo de fobia? Sempre existe algum caso. Lembro que, há alguns anos, estava com uma amiga em certa loja de conveniência, e circulávamos pelo local olhando as diversas mercadorias quando, de repente, minha amiga saiu correndo, quase arrombou a porta da loja e foi parar no outro lado da rua. A princípio, pensei que se tratava de um assalto e permaneci imóvel onde estava. Como o movimento da loja permaneceu normal, saí e fui até ela para verificar o que estava acontecendo. Encontrei-a ofegante e trêmula. Muito nervosa, ela me perguntou: "Você não viu o tamanho do gato que estava lá dentro? Era um tigre!". Percebi que a coisa era séria e voltei à loja para conferir o porte do animal. De fato, era um gato grande, gordo e todo rajado. Estava deitado em um canto perto do caixa e lembrava um pouco o Garfield (personagem dos quadrinhos criado por Jim Davis). De qualquer modo, o aspecto ou o porte do animal não justificavam o comportamento da minha amiga, ficando evidente que ela tinha fobia de animais, mais especificamente de gatos. Em sua casa, por exemplo, havia um calendário cujas ilustrações eram fotos de gatos. Cada mês correspondia a um de raça diferente. Havia alguns, acho que os mais peludos, que ela não podia sequer olhar.

Histórias sobre fobias específicas não faltam, como a de uma mulher que foi parar em cima da geladeira de sua cozinha por causa de uma barata — lembrando a sequência mais famosa do filme *Victor ou Vitória?*, de Blake Edwards, em que quase todos os que estavam dentro de um restaurante subiram nas mesas. Ou a de um homem que pulou de um barco por causa de uma aranha — e não sabia nadar! Tem a de uma paciente do Hospital das Clínicas que morava em um prédio sem elevador e subia e descia as escadas com um guarda-chuva aberto, por medo de que uma lagartixa caísse sobre o seu corpo.

Quando participei do *Programa do Jô*, o saudoso apresentador me contou uma história engraçada sobre um médico, amigo dele, que ao sair do hospital em que trabalhava viu que havia uma borboleta no corredor. Ele entrou no primeiro quarto que encontrara e passou a noite ao lado de um paciente, até que alguém pela manhã removesse o inseto e ele pudesse ir embora. O paciente, por sua vez, achou o atendimento da clínica espetacular, dizendo que nunca havia recebido tanta atenção. Nem é preciso dizer que o colega citado por Jô tinha fobia de borboletas.

O comediante Costinha contou, em entrevista concedida ao *Globo Repórter*, que durante toda sua vida jamais havia viajado de avião. Bem que ele tentou uma vez, mas pouco antes da decolagem obrigou uma das comissárias de bordo a abrir a porta e deixá-lo sair. Todos julgavam que ele estava apenas fazendo graça, mas era sério. Em outra ocasião, Costinha preferiu comprar um ônibus para viajar de Salvador a Maceió. Ele jamais saiu do Brasil.

A atriz Ruth de Souza ficava indignada com o fato de haver tantos prédios em um país tão vasto e bonito como o Brasil. Ruth tinha fobia de elevadores, e quando precisava ir a um escritório em um andar muito alto, era obrigada a desistir do compromisso.

São histórias até engraçadas de se ouvir, mas, para quem sofre com o problema, podem ter um colorido trágico. E é interessante notar que, quanto mais inócuo for o objeto ou a situação fóbica, mais irracional será o medo. Por exemplo, é compreensível ter medo de cobras. Mas de borboletas, fica difícil.

QUADRO CLÍNICO

O termo "fobia específica" parece ser mais adequado que o antigo (fobia simples), por chamar a atenção para a natureza focal do problema e assim evitar a caracterização do quadro como algo leve.

O DSM-IV caracteriza a fobia específica como um medo acentuado e persistente, ou irracional, de objetos ou situações claramente discerníveis e circunscritas. A exposição ao estímulo fóbico provoca uma resposta de ansiedade que pode chegar à intensidade de um ataque de pânico. Os objetos e/ou as situações geralmente são evitados. O diagnóstico é feito apenas se a esquiva, o medo ou a antecipação ansiosa do encontro com esses objetos ou situações causar prejuízo significativo na vida dessas pessoas, ou sofrimento em demasia.

O foco do medo pode ser a previsão de um dano causado por um objeto ou situação. O DSM-IV divide o transtorno em alguns subtipos:

- **animal**: o medo é causado por animais ou insetos;
- **ambiente natural**: causado por circunstâncias naturais como tempestades, altura ou água;
- **sangue, injeção, ferimento**: ver sangue e ferimentos, receber injeções, fazer um exame de sangue ou submeter-se a cirurgias leva ao medo e também a uma resposta física bem característica;
- **situacional**: medo de passar por túneis, pontes, lugares fechados, subir em aviões ou dirigir;
- **outro subtipo**: medo de doenças, de espaços abertos, de engasgar, vomitar, ou de situações que possam levar à asfixia.

O subtipo mais frequente é o situacional, mas mais de uma fobia pode estar presente em um mesmo indivíduo. Algumas vezes, indivíduos com fobia específica apresentam sintomas depressivos, como tristeza, desânimo, perda do interesse ou prazer nas coisas e autodepreciação, que trazem complicações ao quadro. E é exatamente em circunstâncias como essa que os indivíduos muitas vezes procuram tratamento.

As fobias específicas são bastante comuns, atingindo em torno de 11% da população. A maior parte dos indivíduos acometidos é do sexo feminino. Um dos maiores mitos relacionados a elas é o da existência de um trauma que possa explicar o problema.[1] Na verdade, a grande maioria dos fóbicos não apresenta história de trauma, ao contrário do transtorno de estresse pós-traumático, que veremos mais adiante, em que um trauma tem papel central no desencadeamento e na manutenção do quadro. Nos poucos casos de fobia específica em que um evento traumático pôde ser identificado, pareceu tratar-se da primeira manifestação do quadro fóbico, e não de um trauma propriamente dito. Por exemplo, um elevador que enguiça e desencadeia um quadro de fobia de elevadores em alguém pode, à primeira vista, até parecer uma sequela traumática; no entanto, uma análise mais acurada da situação tornará evidente que ela não tem poder suficiente para se constituir em trauma.

NÃO HÁ MEDICAMENTO

Fique sossegado, pois não é o que você está pensando. Embora haja tratamentos eficazes para as fobias específicas, os medicamentos utilizados em seu tratamento mostraram ter pouca utilidade. Ao contrário, substâncias como os tranquilizantes (benzodiazepínicos) podem levar à diminuição excessiva da ansiedade, interferindo no processo de habituação da terapia comportamental.

MAS HÁ TÉCNICAS

Várias técnicas podem ser utilizadas no tratamento das fobias específicas, que vão desde a dessensibilização sistemática, passam por exposição assistida, autoexposição, manejo dos pensamentos negativos e catastróficos, e chegam ao uso de técnicas menos usuais. Entre essas, há a implosão, ou inundação, que consiste em enfrentar o problema de vez, isto é, sem que a exposição às situações geradoras de ansiedade seja gradual, e a tensão aplicada, que será descrita na abordagem da fobia de sangue e ferimentos. O uso da exposição a estímulos internos (interoceptiva) também pode ser de grande valia quando ataques de pânico estiverem presentes.

Apesar das várias técnicas descritas, os estudos existentes na literatura científica mostram que a exposição ao vivo, por tempo prolongado, e o encorajamento para a realização da autoexposição constituem o tratamento de escolha para as fobias específicas, ao contrário das técnicas cognitivas de manejo de pensamentos, que parecem ser pouco eficazes.

Se você for portador de algum tipo de fobia, penso que vale a pena procurar um centro de tratamento de ansiedade, pois existem formas muito rápidas e simples de tratar fobias específicas.

Só a título de ilustração, um autor chamado Lars-Göran Öst desenvolveu um tratamento eficaz para fobias específicas e que utiliza uma única sessão.[2] Trata-se de uma combinação de exposição ao vivo com modelação. Isso quer dizer que o terapeuta atua, e o paciente copia sua ação durante a exposição. Vou dar um exemplo: Ricks Warren usou o tratamento de uma sessão de Öst em uma mulher de 36 anos com fobia de cobras.[3] Com o consentimento dela, obteve uma *baby boa** para realizar a exposição. No dia do tratamento, a paciente estava inquieta e contrafeita, e quando entrou no consultório, a serpente se encontrava em um recipiente de vidro coberto com uma toalha. A mulher, que já estava ciente do fato, imediatamente correu para o outro lado do consultório,

---

* Filhote de jiboia, serpente não venenosa que nos Estados Unidos pode ser alugada em lojas de animais. No Brasil, há lojas especializadas que comercializam uma serpente absolutamente inócua conhecida como *california*.

permanecendo de costas para a cobra. Chorando, perguntava a si mesma: "Por que estou fazendo isso? Devo ser estúpida!". O terapeuta compreendeu seu medo, mas expressou a convicção de que ela precisava vencê-lo, a despeito de suas dúvidas. A exposição prosseguiu, com a paciente voltando-se para o aquário, já descoberto, olhando diretamente para a cobra e se aproximando dela aos poucos. No momento em que ficou a cerca de três metros do animal, o terapeuta, usando luvas, retirou a cobra do recipiente de vidro e a segurou. A paciente, uma vez mais, foi parar do outro lado do consultório, mas logo retornou e, colocando luvas, tocou o terapeuta enquanto ele segurava a cobra. Logo, ambos a seguravam juntos, até que a mulher conseguiu segurá-la sozinha por breves momentos. A sessão de terapia foi concluída com a paciente segurando a cobra sem luvas e permitindo que ela rastejasse por seu pescoço e ombros. Ela pensou em interromper a sessão nesse momento, mas prosseguiu, e, ao final de três horas e meia de tratamento, estava contente com o resultado. Conforme recomendado por Öst, a sessão foi gravada em vídeo, o que permitiu exposições adicionais em casa por meio das imagens, o que só reforçava o caráter real de sua façanha. O terapeuta enfatizou a importância de a paciente dar seguimento ao processo de autoexposição, indo, por exemplo, a zoológicos, santuários e parques ecológicos para ver cobras.

Se não for possível o tratamento em um centro especializado, recomendo como regra geral a autoexposição gradual ao estímulo fóbico. Entretanto, pessoas com problemas cardíacos ou hipertensas não deverão fazê-lo antes de consultar um médico, para averiguar se não há incompatibilidade entre a doença física e esse tipo de procedimento. Na autoexposição, após a construção de uma hierarquia, a pessoa deve permanecer em contato com o objeto ou situação fóbica até que haja um decréscimo de pelo menos

50% na intensidade da ansiedade experimentada. As hierarquias, que serão detalhadas na próxima seção, deverão conter de cinco a doze itens, conforme a modalidade de fobia. Particularmente nas fobias específicas, a habituação costuma ocorrer mais depressa que na agorafobia.

Por fim, a exposição interoceptiva, descrita no capítulo 2, pode ser útil na fobia de dirigir e de viajar de avião.

AS VÁRIAS FACES DO MEDO

Há diversas modalidades de fobias específicas dentro dos subtipos citados na seção "Quadro clínico". Para cada uma delas, pode haver alguma particularidade que aponte para maior ou menor utilização de determinada técnica em seu tratamento. As fobias que mais comumente levam as pessoas a procurar ajuda são as de animais, locais fechados, sangue e ferimentos, e dentista. Vou descrever agora algumas das fobias específicas e como proceder para lidar com elas.

Animais

Em relação ao Reino Animal, pode haver grande número de fobias, que vão dos insetos a animais de porte maior. A fobia de cavalos, por exemplo, foi descrita por Sigmund Freud no início do século em um menino de cinco anos.[4] Contudo, o que mais se observa no dia a dia são as fobias de insetos (baratas, abelhas, vespas, borboletas, mariposas, traças). Aranhas, cobras, pássaros, cães, gatos, sapos e ratos e outros animais menos típicos, como as lagartixas, também são objetos fóbicos. Falar sobre todos os animais que podem se tornar objetos fóbicos em potencial estenderia demais o tema e poderia ser até assunto para outro livro. Por isso, darei ênfase às fobias mais comuns ou clinicamente relevantes.

O que mais funciona em termos de tratamento para fobias de animais, como eu já havia mencionado, é a exposição ao vivo. Quando isso se torna impossível, a dessensibilização sistemática (exposição na imaginação) pode ajudar a diminuir a ansiedade inicial, preparando a pessoa para a exposição ao vivo. Esta última consiste em fazer com que o fóbico aos poucos entre em contato com o animal temido (e às vezes odiado).

Vou exemplificar mencionando a fobia de baratas, que parece ser uma fobia tipicamente feminina. Quando o cartunista Henfil lançou seu livro *Diário de um Cucaracha*, cuja capa era ilustrada com uma barata, havia uma edição especial para mulheres, na qual uma tarja escondia o inseto e informava: "Edição especial para as mulheres". Pura gozação, mas com um fundo de verdade.

CASOS E TRATAMENTOS DE FOBIAS DE ANIMAIS

Tive a oportunidade de ver e tratar casos dessa modalidade de fobia: uma moça de 28 anos procurou o Amban com pavor e nojo de baratas, e seu tratamento foi bem-sucedido com a exposição ao vivo. Penso que alguns fatores contribuíram para o seu sucesso. Em primeiro lugar, o fato de ela aceitar a ideia de ter que sentir desconforto e medo, através da exposição, para se livrar da fobia. Em segundo, sua adesão ao tratamento, que foi excelente. Isto é, ela fez exatamente o que tinha de fazer: enfrentou o medo.

Muita gente tem ideia de que as sessões de terapia comportamental transcorrem em um contexto sádico. Certa vez alguém me perguntou se eu jogava baratas em cima dos meus pacientes. Isso não faz o menor sentido, uma vez que o objetivo é *tratar*, e não piorar o estado dessas pessoas. Vou mostrar, então, como pode ser construída uma hierarquia para a realização da exposição com baratas:

- Um desenho de barata em branco e preto — 2
- Uma gravura colorida de barata — 3
- Uma foto de barata — 3
- Ler o livro A *metamorfose*, de Franz Kafka — 4*
- Assistir a um vídeo com baratas — 5
- Segurar uma barata de plástico ou borracha — 6
- Segurar um recipiente de vidro com uma barata morta — 7
- Olhar para um recipiente com uma barata viva a uma distância de um ou dois metros — 8
- Segurar nas mãos um recipiente com uma barata viva — 9
- Matar uma barata solta — 10

É claro que passos podem ser acrescentados ou mesmo substituídos. O importante é que você tenha uma lista de situações em que o medo aumente progressivamente. A partir daí, você fará sessões de autoexposição, começando pelo item de menor ansiedade. Cada sessão é realizada até que haja um decréscimo de pelo menos 50% da ansiedade. Após certo número de sessões, a ansiedade do *plateau* cairá a zero, e você deverá passar ao item seguinte de sua hierarquia. Alguns vão achar impossível, outros dirão que vão morrer etc. Eu digo: apoie-se sempre nos fatos, e não nas expectativas. "Não vou conseguir", alguém pode dizer. "Experimente fazer desse jeito e veja o que vai acontecer", é o que eu digo.

Tive a oportunidade de tentar tratar uma paciente com fobia de baratas no Hospital das Clínicas. Disse "tentar", pois a moça

---

* Obra que trata da transformação de um homem em uma barata.

desistiu depois de dois atendimentos. Era um quadro dramático, pois a ansiedade estava lhe causando vários problemas. No trabalho, por exemplo, ela precisava ficar com os pés sobre um cesto de lixo em razão do medo que tinha de que uma barata subisse em seu corpo. Evitava viajar para a praia ou para algum sítio, pois ela tinha certeza de que haveria baratas. À noite, se ouvisse um ruído indicativo da presença de uma barata, sua irmã tinha de carregá-la, "de cavalinho", para fora do quarto. Ela não podia sequer ouvir a palavra "barata", referindo-se a seu objeto fóbico como "aquele inseto". Essa paciente encontrava-se deprimida, e foi medicada por causa disso. Mas abandonou precocemente o tratamento. Eu poderia ter tentado, se tivesse tido tempo hábil, a dessensibilização sistemática no caso dela. Teria começado, por exemplo, com a palavra "barata", passando por imagens intermediárias de baratas, até chegar a uma revoada de baratas em uma sala. Tudo feito na imaginação, é claro.

Embora as técnicas de exposição preconizem a permanência do contato com o objeto fóbico até que a ansiedade diminua, há autores que afirmam que uma escapada é possível, desde que você retorne logo ao ponto do qual escapou.[5] Para algumas pessoas, isso pode trazer a sensação de segurança, de autocontrole, e se aplica a qualquer tipo de fobia.

Gostaria agora de ilustrar esta seção trazendo outra das várias modalidades de fobia de animais: a cinofobia.

Mônica, uma jovem estudante de vinte anos, queixava-se do pavor de cães. Recusava-se terminantemente a entrar na casa de amigos se o cachorro não estivesse preso. Nas situações de contato, sobretudo com cachorros maiores, sentia muito medo, tremor, dor de estômago, vontade de chorar, coração disparado, falta de ar e muita dor de cabeça depois que se afastava do animal, o que refletia bem o estado de tensão em que ficava. O pensamento que lhe vinha à mente era um só: o de ser atacada pelo animal.

Apesar do medo, Mônica gostava muito de cachorros, sobretudo dos pequenos. Quando me procurou para fazer o tratamento, estava evitando sair de casa por conta disso. Ela não deixava de viajar, mas ficava sempre em alerta à procura de cães que pudessem se aproximar. Seu objetivo, claro, era perder o medo deles.

Como Mônica pareceu relutante em iniciar um trabalho de autoexposição ao vivo, propus construirmos uma hierarquia de situações verdadeiras ou imaginárias para realizarmos exposição na imaginação. Na hierarquia elaborada, constavam os seguintes itens, já ordenados:

- Na calçada, ao cruzar com dois poodles na coleira — 1
- Ao entrar em uma loja, um vira-lata está dormindo na porta — 2
- Na casa de uma amiga, um cocker resolve deitar-se no seu pé — 3
- Na casa de amigos, um poodle solto late e cheira todo mundo — 5
- Na casa de amigos, sabendo que há dois pastores-alemães presos e que um deles pode se soltar — 7
- Na casa de amigos, um cocker vem brincar e pula em cima dela — 8
- Na praia, um cachorro pequeno está correndo perto dela — 8
- Um vira-lata passa a segui-la na rua — 9
- No elevador, um vizinho entra com um cachorro de porte médio — 9
- Com amigos em um lugar qualquer, um cocker começa a latir e correr atrás de todos para brincar — 9

- Andando de bicicleta, um cachorrinho começa a correr e latir atrás dela — 10
- Entrando na casa de uma amiga, um boxer escapa e vem para cima dela — 10
- No parque, um doberman corre em sua direção — 10

Realizei uma primeira sessão de exposição na imaginação no consultório, que foi gravada em um áudio para a paciente ouvir em casa. Essa primeira etapa incluiu os itens que receberam notas de um a sete. Na segunda sessão, como houve redução da ansiedade por meio da dessensibilização, resolvi sair com a paciente nas imediações do consultório, parando defronte a casas em que havia cães. Mônica sentiu intensa ansiedade nessas situações, atribuindo notas que variaram de sete a nove. O problema foi que a ansiedade não diminuiu. Tive a impressão de que algumas questões práticas interferiram. Por exemplo, em frente a uma das casas, o cachorro apareceu, latiu meia dúzia de vezes e voltou para o fundo da casa. Dessa forma, houve pouco tempo de exposição para que houvesse diminuição da ansiedade (habituação). Em outra casa, havia um cachorro grande, bravo, que latia sem parar, arreganhando os dentes, o que deixou Mônica assustada.

Combinei então que ela continuaria a fazer a exposição na imaginação, avançando nos itens, em sua casa, e que marcaríamos um local para realizarmos a exposição ao vivo novamente. O local combinado foi uma pet shop. Mônica teve grande dificuldade em tocar em um filhote que se encontrava exposto na vitrine. Mal conseguia encostar o dedo indicador nele. Somou-se a isso a estranheza que causamos nos funcionários da loja, que pareciam intrigados com o procedimento. Achando que seria complicado fazer uma segunda sessão no mesmo local, entrei em contato com amigos que tinham um cão de estimação e marquei com Mônica na casa deles. É importante ressaltar nesse ponto que a ansiedade inicial que ocorria nas sessões de exposição na imaginação caiu consideravelmente. Só para ter uma ideia, itens em que a ansiedade inicial era dez passaram a receber notas que variavam entre quatro e sete.

Ao chegarmos à casa dos meus amigos, Mônica teve seu primeiro contato com Tati, uma cadela da raça poodle muito simpática e brincalhona. Ela recuou assustada, já querendo ir embora, alegando que o cachorro, ao contrário do que eu havia dito, era grande. Eu disse que se tratava de um cachorro de porte pequeno e insisti que ela, apesar de temerosa, permanecesse na casa. Feito isso, peguei Tati e me sentei no sofá, solicitando que Mônica se sentasse ao meu lado e me observasse acariciar o bichinho. Ela estava bastante ansiosa e sentou-se a mais de um metro de distância de mim. Insisti que se aproximasse e, aos poucos, ela conseguiu ficar bem próxima da cadela. Quando a ansiedade baixou um pouco, pedi a Mônica que a tocasse. Ela timidamente encostava um dedo no pelo e se afligia muito quando Tati tentava lambê-la. Permanecemos por alguns minutos nesse tocar com um dedo, e pedi que ela procurasse espalmar uma das mãos e acariciar o animal. Foi difícil, pois Mônica tocava a mão espalmada em Tati e logo a retirava, alegando muita aflição ao ser lambida.

Depois dessa primeira sessão, marcamos mais uma, em outro dia. Nessa segunda sessão, procurei ser mais incisivo com Mônica e insisti bastante que ela mantivesse sua mão espalmada sobre Tati. Ela o fazia e ao mesmo tempo chorava. Aos poucos, porém, o choro foi cessando e a ansiedade diminuindo. Nesse ponto, Mônica até sorriu algumas vezes, mas ainda não suportava a ideia de ser lambida. Combinamos que na próxima sessão ela se deixaria lamber e ficaria com a cadela no colo.

Nessa terceira sessão, eu pus Tati em seu colo, mas ela ergueu os braços, recusando-se, a princípio, a tocá-la. O argumento que usei para minar sua recusa (esquiva) foi muito simples: "Você quer se livrar desse medo de cachorro ou não?". Sua resposta foi afirmativa, e eu disse, então, que ela precisava tocá-la. Muito a contragosto, mas aumentando cada vez mais o tempo de contato de sua mão com o animal, Mônica foi conseguindo segurar a cadela nos braços, e houve grande redução da ansiedade.

Essas três sessões de exposição assistida foram muito semelhantes ao tratamento de uma única sessão descrito por Öst. O procedimento foi o mesmo; apenas por uma questão de disponibilidade de tempo, optou-se por fazê-lo em etapas. Após essas sessões, Mônica foi incentivada a continuar a exposição. Propus que repetíssemos o procedimento com um pastor-alemão, mas ela preferiu não fazê-lo. Em vez disso, decidiu que teria um poodle como animal de estimação e ficou muito feliz com o resultado do tratamento.

Locais fechados

Este é um tipo de fobia que pode estar sobreposta à agorafobia, uma vez que não são raros os agorafóbicos que têm medo de locais fechados. No entanto, quando a esquiva ou desconforto se restringem aos locais fechados, passa a ser considerada uma fobia específica, mais conhecida como claustrofobia. Alguns autores defendem que a claustrofobia faz parte da agorafobia, o que não muda em nada o enfoque de seu tratamento. Ou seja, a exposição é o tratamento de escolha para essa fobia.

O principal temor é o de ficar preso e não conseguir sair do local. Entre os mais comuns desse tipo de fobia estão os elevadores. A pessoa geralmente teme que uma falha mecânica a deixe presa por horas dentro de um cubículo, o que acarreta verdadeiro pavor. Uma das distorções de pensamento mais comuns é a de ficar preso e o ar se esgotar, apesar de todo elevador dispor de um sistema de ventilação especialmente elaborado para esse tipo de ocorrência. Entretanto, outros locais podem delinear o quadro da claustrofobia, como cabines telefônicas, escadarias de prédios (pelo medo de ficar preso entre portas corta-fogo), banheiros, bancos com portas giratórias que travam e transportes coletivos. Cabe aqui diferenciar o medo de ficar preso do medo de ter um ataque de pânico, que é característico da agorafobia. Na fobia de voo, o medo mais comum é o de desastre aéreo, ao passo que uma pessoa com claustrofobia vai se sentir presa por não ter como sair da aeronave.

CASOS E TRATAMENTO DA FOBIA DE LOCAIS FECHADOS

Problemas dessa natureza podem ter consequências sérias na vida das pessoas. Foi o que aconteceu com Noêmia, uma senhora que atendi, cuja queixa principal era não conseguir permanecer no seu local de trabalho — a bilheteria de um cinema. A única maneira de conseguir permanecer no cubículo era com a porta aberta, o que estava gerando um atrito com o gerente do cinema. Quando procurou tratamento, ela estava na iminência de ser demitida, e penso que foi esse fato que a levou a procurar ajuda especializada. Foi quando ela me contou que também sentia fobia de elevadores, mas contornava o problema usando as escadas.

Fiz algumas idas e vindas dentro do elevador do Instituto de Psiquiatria do HCFMUSP com ela e orientei-a a permanecer sozinha lá dentro. Após cerca de trinta minutos, houve decréscimo da ansiedade e pude demonstrar para a paciente que, apesar da ansiedade que ela sentia, suas expectativas catastróficas não se concretizaram. O problema mais emergente, no entanto, persistia: o da cabine do cinema. Sugeri a Noêmia que solicitasse um prazo de alguns dias ao gerente para que ela pudesse resolver o problema. Orientei-a então para que a cada dia de trabalho ela fechasse mais um pouco a porta da cabine, até que estivesse totalmente fechada. O resultado foi bom e encerramos o trabalho de exposição com ela pedindo a uma colega de trabalho que a trancasse dentro da cabine por algum tempo. Apesar de sentir desconforto, Noêmia pôde tolerar perfeitamente bem a situação.

Thiago, um adolescente, foi trazido a meu consultório pelos pais por "trauma de elevador", que tinha começado havia um ano e meio. Afirmei que "foi trazido" porque ele mesmo admitiu que não teria vindo por iniciativa própria. De qualquer modo, houve interesse da parte dele quando acenei com a possibilidade de alívio do sofrimento em pouco tempo.

Não havia nenhum antecedente traumático que envolvesse elevadores em seu histórico. Ele nunca havia sido muito fã de elevadores, mas conseguia usar os panorâmicos, sobretudo os que tinham ascensorista. Estar sozinho em elevadores sem interfone e sem o dispositivo indicador dos andares era problemático. Nessas situações, Thiago tinha taquicardia, tremor, fraqueza nas pernas e enjoo. Por isso, ele estava usando exclusivamente escadas, mesmo que tivesse de ir até o vigésimo andar de um prédio.

Uma hierarquia foi construída para o seu tratamento de exposição:

- Usar o elevador social de seu prédio com seu avô ou sua avó — 2
- Usar o elevador social do seu prédio com sua mãe — 3

- Usar o elevador social do prédio dos avós sozinho — 3
- Usar o elevador de serviço do prédio dos avós com eles — 3,5
- Usar o elevador social de seu prédio sozinho — 4
- Usar o elevador de serviço de seu prédio com amigos — 5
- Usar o elevador de serviço do prédio dos avós sozinho — 6
- Usar o elevador de serviço de seu prédio sozinho — 8

A exposição se iniciou com o primeiro item da hierarquia. Quando Thiago retornou para a próxima sessão, havia conseguido zerar esse primeiro item, porém com intenso sofrimento. Chorava e resistia a entrar no elevador, relataram os pais, que sempre o acompanhavam às sessões.

A exposição ao segundo item transcorreu sem as mesmas dificuldades, ocorrendo habituação em nível zero. O mesmo se deu com o terceiro, quarto e quinto itens. Mas, ao chegar ao item de ansiedade 5, ele travou. Havia um ruído, provavelmente do motor, que o incomodava. Além disso, o elevador era muito lento, o que fazia Thiago dar uma desculpa qualquer aos amigos e, sozinho, utilizar a escada. Resolvi que o melhor seria introduzir alguns passos intermediários na hierarquia antes de prosseguir com o sexto item. Assim, algumas novas metas foram incluídas na hierarquia:

- Usar um elevador comercial com ascensorista — 2
- Usar um elevador comercial sem ascensorista — 3

Thiago conseguiu se expor e baixar a ansiedade nesses dois itens intermediários. Depois, ainda que com muita dificuldade, conseguiu usar o elevador de serviço de sua casa com os amigos. No entanto, ele não quis ir além disso. Seus pais queriam muito, mas ele não. E para que um tratamento de exposição tenha êxito, é o paciente que tem de querer, e não seus familiares. Por isso, até o momento, Thiago não conseguiu usar o elevador de serviço de sua casa sozinho. Posso afirmar, no entanto, que houve melhora parcial do quadro.

Altura

É um medo comum e até certo ponto compreensível. Estar próximo de um precipício pode acarretar medo de escorregar e despencar. É normal, já que se trata de um perigo real, diferente do medo de ficar, por exemplo, trancado em um banheiro. O medo, no entanto, torna-se irracional quando ocorre por uma simples aproximação da janela de um prédio, ou de locais altos que são protegidos por grades ou vidros espessos, como os edifícios com vista panorâmica. As pessoas com fobia de altura, denominada "acrofobia", sentem medo nessas situações e não conseguem olhar para baixo, além de chegarem a sentir vertigem em alguns casos.

As situações geradoras de medo são bastante variáveis, e vão de janelas, mezaninos de teatros, passando por escadas, escadas rolantes, ladeiras, até o topo de edifícios bem altos. É comum que pessoas com acrofobia apresentem medo de perder o controle e de se jogar do local em que se encontram. Também é comum a sensação de estarem sendo puxadas para baixo. Isso ocorre mesmo com a presença de anteparos protetores.[6] O sr. A-Z, mencionado no capítulo 3, teve a sensação de estar sendo puxado para baixo ao atravessar um viaduto, apesar de haver uma grade de proteção.

TRATAMENTO DA FOBIA DE ALTURA

Embora seja difícil dar exemplos de várias hierarquias em relação à fobia de altura, vou procurar mostrar um hipotético que pode servir como diretriz básica para várias situações:

- Subir em um banquinho — 1
- Subir um degrau de uma escada móvel — 1
- Subir alguns degraus da mesma escada — 4
- Descer em uma escada rolante — 5
- Subir na laje de uma casa — 6
- Subir em uma árvore — 7
- Atravessar uma passarela — 8
- Ir à torre de uma igreja — 8
- Ir a um mirante e contemplar a vista — 9
- Ir até o topo de um edifício com vista panorâmica — 10

Se a situação gerar muita ansiedade, é possível lançar mão de um AT, que pode ser um amigo próximo ou um familiar. Da mesma forma que se faz na exposição assistida, a função do acompanhante é o incentivo para executar as tarefas, evitando que haja desistência na primeira dificuldade. A presença desse auxiliar pode ser útil em qualquer tipo de fobia, mas não é imprescindível. Se você puder se expor sozinho, ótimo!

Vá em frente. Agora vou descrever os passos básicos para uma pessoa que tenha medo de edifícios altos:

1. Suba o primeiro lance de escadas do edifício e permaneça nesse andar até a ansiedade diminuir.
2. Vá para o segundo piso e repita o procedimento.

3. Prossiga, e se os andares seguintes não produzirem ansiedade, continue até o andar em que a ansiedade volte a incomodá-lo. Faça isso até a ansiedade diminuir, e retorne depois de alguns dias, ou assim que possível.
4. Ao retomar a exposição na próxima vez, pegue o elevador e recomece do andar em que parou. Se isso gerar muita ansiedade, recue um ou dois andares e perceba como se sente. Se a ansiedade for suportável, permaneça nesse andar até que diminua.
5. Prossiga, em uma ascendente, até atingir o andar mais alto do edifício, mesmo que isso tenha de ser feito ao longo de alguns dias — não 365 dias!
6. No caso de haver a participação de um acompanhante, ele poderia realizar todos os passos junto com você em um primeiro momento, depois subir até determinado andar e aguardá-lo lá. Mais adiante, ele pode esperá-lo no térreo enquanto você se expõe. Depois de fazê-lo com o acompanhante, repita o procedimento sozinho. E boa sorte!

Sangue e ferimentos

O que caracteriza essa fobia é o fato de a pessoa, ao entrar em contato com sangue, agulhas, feridas e mutilações, ter sensação de intensa náusea, que é seguida de uma síncope (desmaio). O que ocorre, então, é que a pessoa passa a evitar essas situações a todo custo. Quem não teve que fazer, pelo menos uma vez na vida, um exame de sangue ou tomar uma injeção? Ou se machucou e teve um sangramento? Ou precisou levar uns pontos? Ou teve ainda a visão de pessoas acidentadas e machucadas? É muito difícil conseguir evitar todas essas situações.

Imagine que você tenha fobia de sangue, esteja doente e precise de uma cirurgia. Como vai ser? E se for diabético e precisar de insulina injetável? Devo ressaltar que o simples fato de uma pessoa ouvir uma conversa com esse teor pode levá-la a desmaiar. O mesmo se aplica a filmes que tenham cenas violentas, repletas de sangue.

Esta é uma modalidade de fobia que foge bastante do padrão habitual. Um dos aspectos é uma resposta fisiológica diferente das outras fobias, em que o coração acelera e a pressão arterial fica elevada. Ao contrário, na fobia de sangue, o coração passa a bater cada vez mais devagar, chegando a parar de bater por um curto intervalo de tempo, o que leva a pessoa a desmaiar. Outro aspecto que a difere das outras fobias é o fato de sua causa ser genética. Um estudo feito sobre fobia de sangue e ferimentos apontou que 67% dos parentes próximos do paciente apresentam o mesmo tipo de fobia.[7]

TRATAMENTO DA FOBIA DE SANGUE

Em virtude da resposta fisiológica atípica da fobia de sangue, algumas inovações foram implementadas em seu tratamento. O princípio básico da exposição gradual permanece. No entanto, por causa da queda da pressão arterial e da frequência cardíaca, que podem levar ao desmaio ou síncope, recomenda-se que a exposição seja feita com a pessoa deitada ou recostada em uma poltrona, sobretudo nas primeiras sessões.

Uma inovação que surgiu no tratamento dessa modalidade de fobia foi o emprego de uma técnica denominada "tensão aplicada".[8] A técnica consiste em contrair ou tensionar os músculos do corpo ao primeiro sinal de queda de pressão e tem como objetivo impedir que ocorra o desmaio após contato visual com sangue. O procedimento deve ser feito da seguinte maneira:

1. Tensione os músculos dos braços, tronco e pernas.
2. Mantenha-os tensionados até sentir um calor surgindo em sua face por dez a vinte segundos.
3. Alivie a tensão, mas não relaxe a musculatura. Apenas retorne ao estado inicial.
4. Aguarde meio minuto e repita o procedimento até completar um total de cinco ciclos.
5. Pratique a técnica realizando os cinco ciclos cinco vezes ao dia, como tarefa de casa.

Essa técnica deve ser anexada à exposição, isto é, enquanto a pessoa é exposta a cenas com sangue, ela realiza simultaneamente a tensão aplicada. Isso parece propiciar aos pacientes maior capacidade de controle em relação à queda.

Ao se elaborar um plano de exposição para fobia de sangue, deve-se construir a hierarquia com base no principal medo que a pessoa tem. Assim, se o problema maior for ferimentos e sangue, estes devem estar presentes na hierarquia. Se forem agulhas, os ferimentos devem ficar de fora. Vou dar dois exemplos de como podem ser construídas as hierarquias.

1. Agulhas
- Segurar uma agulha com as mãos — 3
- Segurar uma seringa com uma agulha acoplada a ela — 5
- Aspirar um pouco de água com uma seringa e injetar o conteúdo em uma laranja — 6
- Fixar com esparadrapo uma agulha sobre a pele do antebraço — 7
- Receber uma injeção por via intramuscular — 10

2. Sangue e ferimentos
- Ver fotos com imagens de sangue e ferimentos — 3
- Observar uma pessoa, em um laboratório, manusear ou carregar um frasco com sangue — 4
- Olhar para uma gaze ou um curativo manchado de sangue — 5
- Segurar um frasco fechado contendo sangue — 6
- Assistir a uma pequena cirurgia — 7
- Ir a um banco de sangue e observar pessoas doando sangue — 8
- Fazer um exame de sangue — 9
- Doar sangue em um hemocentro — 10

A exposição, tal qual ocorre em qualquer fobia específica, deve ser feita aos poucos, seguindo-se a hierarquia estabelecida. Eu, particularmente, penso que ela deveria ser realizada com a ajuda de alguém, um AT, conforme mencionei no tratamento da fobia de altura. Se você tiver um amigo médico, enfermeiro, ou alguém que trabalhe em laboratório ou mesmo em um banco de sangue, tudo fica mais fácil. Vá em frente e não se esqueça de fazer uso da tensão aplicada. O tratamento é eficaz, tendo respaldo científico. É o caso do estudo de Öst e colaboradores,[9] que utilizaram passos como os descritos abaixo para o tratamento da fobia de sangue.

1. Instrução e prática da tensão aplicada.
2. Aplicação da tensão aplicada durante a exibição de fotos ou vídeos mostrando ferimentos e mutilações e também durante os procedimentos citados nos itens 3, 4 e 5.
3. Observar, com o terapeuta, pessoas colhendo sangue em um laboratório.
4. Observar pessoas doando sangue em um hemocentro.
5. Assistir, se possível, a uma cirurgia.
6. Fazer um exame de sangue.
7. Doar sangue.

Dentista

Sabe-se que a maioria das pessoas tem um leve receio de ir ao dentista. Uma pequena porcentagem, no entanto, tem verdadeiro pavor, apresentando até mesmo ataques de pânico na cadeira do dentista. Os maiores temores relacionam-se com a anestesia e a ação da broca (motor), e o medo parece aumentar a sensação subjetiva de dor, o que, inclusive, faz as pessoas anteverem que vão sentir muito mais dor do que de fato acontece. Para alguns, a visão da roupa branca do dentista é terrível. E a fobia de dentista pode estar associada à fobia de sangue: certos pacientes chegam a desmaiar na cadeira.

Boa comunicação com o dentista ajuda muito, sobretudo se o profissional tiver empatia e considerar o medo como algo que faz parte da profissão. É importante que ele explique de forma detalhada os procedimentos que serão realizados e os graus de desconforto e dor que poderão ocorrer. Combinações de sinais previamente estabelecidos, como erguer a mão ao primeiro sinal de dor, podem minimizar o problema.

A familiarização com o consultório pode ajudar na habituação. A observação de outras pessoas sendo tratadas, recebendo anestesia e sendo submetidas à ação do motor funciona como modelo positivo, na linha do "não deve ser tão ruim assim". Isso tem se mostrado útil em crianças, que, antes de serem submetidas a tratamento dentário, brincam no consultório. Há dentistas que trabalham fantasiados de personagens, como Super-Homem, para facilitar o trabalho com as crianças, dando um certo colorido ao tratamento.

TRATAMENTO DA FOBIA DE DENTISTA

Enfrentar o medo é fundamental para que o tratamento tenha êxito. Se sintomas de pânico estiverem presentes, a exposição interoceptiva pode ser usada nos moldes descritos no capítulo 2, devendo ter início uma ou duas semanas antes da ida ao dentista. Para outras pessoas, uma técnica de relaxamento, como a que foi mencionada na dessensibilização sistemática (vide capítulo 3), pode ser usada durante o tratamento dentário. Se o problema for desmaiar com a anestesia, a técnica da tensão aplicada para fobia de sangue deve ser utilizada.

Vou descrever agora o que penso ser uma sequência útil de passos para quem tem fobia de dentista:

- Ao marcar sua consulta com o dentista, procure saber se o profissional é paciente e tem experiência em atender

pessoas que têm medo. Isso pode ser feito perguntando à secretária ou diretamente ao profissional.
- Visite o consultório para se familiarizar com o local.
- Procure acompanhar um familiar ou amigo ao dentista e assista à sessão de tratamento. Esse passo pode ser repetido mais de uma vez.
- Faça perguntas ao dentista para esclarecer suas dúvidas.
- Combine com ele os passos que serão dados gradualmente. Um cronograma pode ser estabelecido e funcionar da seguinte maneira:
  1. Na primeira consulta ele apenas examina sua boca, sem realizar qualquer outro procedimento que não o de localizar as cáries e outros problemas.
  2. Na consulta seguinte, realiza a limpeza e aplicação de flúor.
  3. Na próxima consulta, realiza o procedimento, como restauração (obturação) pequena, que dispense o uso de anestesia.
  4. A seguir, faz um procedimento mais complexo, usando anestesia.
  5. E, finalmente, se for o caso, realiza um tratamento de canal.

Fobias alimentares

Há dois tipos de fobia alimentar. No primeiro, a pessoa sente que sua boca e garganta estão excessivamente secas e acredita que o alimento sólido pode ficar entalado, ou pode se engasgar com o alimento, o que a faria morrer asfixiada. Embora esta seja uma possibilidade, ela é bem menor do que morrer atropelado ou em um acidente de carro. Esse tipo de fobia leva a pessoa a fazer uso somente de líquidos ou alimentos sob a forma de papa, preparados no liquidificador, por isso a perda de peso é um dos sintomas mais pronunciados.

No segundo tipo, o que ocorre é uma espécie de aversão a algum tipo de alimento, acarretando náusea e, às vezes, vômito. Em geral está associada a alimentos gordurosos, mas pode ser desencadeada por alimentos estragados.

TRATAMENTO DAS FOBIAS ALIMENTARES

O tratamento do primeiro tipo de fobia consiste em levar a pessoa a ingerir alimentos cada vez mais sólidos, começando pela papinha de bebê e terminando com torradas. Da mesma forma que outras fobias, uma hierarquia deve ser construída, e a exposição caminha da menor para a maior intensidade de ansiedade.

Já o tratamento da segunda consiste em fazer com que a pessoa coma o alimento que lhe causa náusea repetidas vezes, começando com quantidades mínimas que são gradualmente aumentadas, até que a náusea se dissipe.

Dirigir

O medo de dirigir pode se restringir apenas a esse aspecto, mas pode também fazer parte da agorafobia. Há quem o considere uma forma leve dessa última. Os sintomas de pânico são frequentes, levando a pessoa a se esquivar ativamente do ato de dirigir.

TRATAMENTO DO MEDO DE DIRIGIR

Por haver sintomas semelhantes aos do pânico, a exposição interoceptiva pode ser usada antes e também em conjunto com a exposição ao vivo. Quanto a essa última, o procedimento é semelhante ao das demais fobias específicas. De qualquer modo, vou sugerir um modelo que pode servir de base para a construção de uma hierarquia:

- Entrar no carro e dar a partida (você pode repetir esse passo várias vezes ao dia, durante alguns dias) – 1
- Manobrar o carro dentro da garagem; por exemplo, tirá-lo e colocá-lo novamente na vaga, dar marcha a ré etc. – 2
- Sair com o carro da garagem, manobrar na mesma rua e voltar – 3
- Dar voltas no quarteirão – 4
- Dar voltas ao longo de cinco quarteirões ou mais, se puder, por ruas pouco movimentadas – 5
- Dar voltas em ruas com movimento maior – 6
- Dirigir em uma avenida próxima a sua casa (você pode entrar na avenida, sair logo dela, voltar e, assim, aumentar gradativamente o tempo de permanência no local) – 7
- Dirigir em uma avenida mais distante – 8
- Dirigir em uma via expressa – 9
- Dirigir em uma rodovia – 10

Você pode fazer os exercícios com um acompanhante, que pode ficar com você dentro do carro, ou seguindo-o à distância. Nesse caso, o espaço entre vocês pode ir aumentando, conforme seu avanço na hierarquia.

Hoje em dia existem instrutores especializados em treinar pessoas que têm fobia de dirigir, com muito tato e paciência.

Avião

Aumenta a cada dia o número de pessoas que precisam voar, sobretudo por motivos profissionais. Consequentemente, a quantidade de gente que procura tratamento para esse tipo de fobia também tem aumentado. Há quem recusa emprego por temer viajar de avião, e há os que só conseguem fazê-lo sob efeito de álcool ou de tranquilizantes. O medo, como veremos adiante, não está relacionado a um único aspecto.

É sabido que as chances de ocorrer um desastre aéreo são remotas. Acidentes automobilísticos e domésticos ocorrem com frequência bem maior, fato comprovado estatisticamente. Procure sempre se lembrar disso.

A fobia de voo envolve diversos medos, entre eles:

- do próprio desastre aéreo;
- de ficar fechado, preso na aeronave (medo claustrofóbico);
- da altura;
- das sensações físicas causadas pelo movimento (inclui o medo de vomitar);
- de ter um ataque de pânico.

Assim, é preciso estar sintonizado com o foco de seu medo. De nada adianta você estar focado na possibilidade do desastre aéreo se o seu temor é o de ficar enclausurado dentro do avião.

TRATAMENTO DO MEDO DE VOAR

Para as pessoas que temem passar mal e se descontrolar durante o voo, por ficarem sem ter como sair do avião, isto é, as que são mais agorafóbicas do que fóbicas do objeto avião propriamente dito, a exposição interoceptiva deve ser realizada.

Tratar quem tem fobia de voo com exposição gradual e prolongada é complicado, pouco prático e bastante oneroso. A dessensibilização sistemática pode ser usada para diminuir a ansiedade de voar e deve ser feita nos mesmos moldes que a usada para o metrô, descrita no capítulo 3. A hierarquia é construída, procede-se ao relaxamento, e as várias cenas são geradas na imaginação, desde a chegada ao aeroporto, check-in, embarque, decolagem, curso do voo, até a aterrissagem. Os pequenos reveses que costumam ocorrer durante o voo, como turbulência, mau tempo e ruídos estranhos, podem e devem ser incluídos na hierarquia. Posteriormente, deve-se tentar um voo de verdade.

Há empresas aéreas no Brasil que dispõem de simuladores de voo. Neles, sistemas hidráulicos controlados por computadores dão movimento à cabine, permitindo a sensação de aceleração e movimentos de pouso e decolagem. Quem assistiu ao filme *Surpresas do coração*, de Lawrence Kasdan, vai se lembrar de Meg Ryan fazendo exposição em um simulador. Dava a nítida impressão de que ela estava em pleno voo. O procedimento pode ser útil para fazer o medo voar para bem longe de você.

Uma excelente alternativa para tratar a fobia de voo é o uso de vídeos do YouTube. Isso funciona como um tipo de exposição na imaginação. Você deve selecionar vídeos que tenham relação com seus temores e assisti-los várias vezes, até que o medo diminua ou se dissipe. Juliano, um rapaz de 24 anos, não conseguia entrar em um avião. Ele também se recusava a participar de reuniões em escritórios localizados em andares de prédios muito altos. Seu problema com aviões era sentir que seus pés estavam se distanciando do solo, sobretudo na decolagem. Portanto, o problema se relacionava à altura. A pressão no trabalho para que ele viajasse de avião foi a razão que o fez procurar ajuda.

Os vídeos que selecionamos no YouTube para que ele se expusesse foram todos de decolagens vistas da janela do avião. De dia, com chuva, sem chuva, em avião pequeno, em Boeing, com turbulência, sem turbulência. Os vídeos foram assistidos em ordem crescente de ansiedade experimentada, conforme ilustrado em diversos exemplos de hierarquias presentes neste livro. A exposição aos vídeos diminuiu consideravelmente a ansiedade de Juliano e permitiu-lhe que fizesse um voo de verdade comigo, em uma sessão de exposição assistida. A partir daí, ele conseguiu fazer outros voos pela empresa na qual trabalhava.

Na verdade, acredito que a melhor solução para a fobia de voo seja a exposição a imagens geradas por computador, isto é, a exposição à realidade virtual. Por meio de uma série de artefatos técnicos, a pessoa é imersa em um ambiente similar ao de um voo. Uma sensação de estar de fato na situação se faz presente.

Há um relato de caso de uma mulher de 42 anos que, depois de ter sido submetida a um programa de exposição gradual de seis sessões em um avião virtual, pôde viajar de avião confortavelmente.[10] Na verdade, a realidade virtual vem sendo utilizada com sucesso no tratamento de outras fobias, como de altura.[11] No entanto, seu uso me parece mais útil em fobias cujo objeto ou situação seja de difícil acesso ou disponibilidade, como aviões e tempestades.

Chuva, trovões e raios

Quando chega o verão, pessoas que têm verdadeiro pavor de tempestade costumam procurar o Amban. Algumas não saem de casa sem consultar a previsão do tempo. O problema ocasiona uma série de limitações na vida profissional e pessoal dessas pessoas por causa da esquiva, que é proeminente. Se estiver chovendo, dificilmente se aventuram a sair de casa. Mas há situações curiosas. Uma senhora que procurou tratamento no Amban, toda vez que ameaçava chover, deixava sua casa e entrava no metrô, permanecendo dentro de um vagão em movimento para não ouvir o barulho dos trovões nem ver o clarão dos raios. Há pessoas que, durante uma tempestade, fecham-se em armários e só se atrevem a sair depois que cessa o fenômeno; outras, permanecem junto a seus cães de estimação, que, como se sabe, também são excessivamente sensíveis a ruídos de trovões. Há também as que se cobrem com lençóis para se sentirem mais protegidas.

TRATAMENTO DA FOBIA DE CHUVA

Uma das maiores limitações no tratamento da fobia de chuva é o fato de esta ser um fenômeno natural sobre o qual não temos controle. É muito simples orientar uma pessoa para que ela se exponha ao metrô, já que é possível fazê-lo praticamente o tempo todo. No entanto, podemos passar semanas ou meses sem ver uma única gota de chuva. A exposição repetida e prolongada, nos moldes ideais, torna-se assim inviável. Então, o que fazer?

Aqui, mais uma vez os vídeos do YouTube podem ser utilizados. Basta digitar palavras-chave como chuva, tempestade, vento, ventania, raios, trovões, ou misturá-las (por exemplo: tempestade com ventania).

Uma paciente minha do Amban com fobia de chuva temia a ocorrência de enchentes e catástrofes de que temos notícias em todo verão. O trabalho realizado foi selecionar vídeos do YouTube com imagens de chuva, trovões, raios, enchentes, deslizamentos e inundações e fazer com que ela assistisse a eles repetidamente, em ordem crescente de ansiedade.

Isso é algo que você, que tem esse tipo de fobia, pode fazer em sua casa. É claro que, depois de realizar todas essas tarefas, quando houver chuva ou tempestade, deve sair de casa e enfrentá-las de verdade.

Escuridão

O medo da escuridão pode ser normal em certas circunstâncias, sobretudo se você estiver em um local ermo e desconhecido. Entretanto, o medo de ficar no escuro dentro de sua própria casa é irracional, configurando assim um quadro fóbico.

TRATAMENTO DA FOBIA DE ESCURO

Não é difícil tratar a fobia de escuro. Tive uma paciente, Marina, que me procurou no consultório, pois só dormia com a luz acesa. Tinha pavor do escuro. Expliquei-lhe como seria o tratamento e traçamos um plano de exposição. A primeira medida foi instalar um reostato no lugar do interruptor de luz do seu quarto, para que a intensidade da luz pudesse ser regulada. A exposição começou com Marina diminuindo um pouco a intensidade da luz que usava habitualmente. Ela dormiu alguns dias com essa intensidade e, aos poucos, a foi reduzindo até que ficasse semelhante à da luz de velas. Não foi possível, porém, saltar desse passo para o escuro.

Ela começou, então, a dormir com a luz de seu quarto apagada, a porta aberta e a luz do corredor acesa. Alguns dias depois, a luz do corredor foi substituída por um abajur com lâmpada bem fraca.

Paralelamente, Marina procurava encostar cada vez mais a porta do quarto, sem que conseguisse, no entanto, fechá-la. Propus que ela dormisse com a porta fechada e munida de um boneco que emitia uma luz bem fraca. Funcionou, pois, poucos dias depois, ela já conseguia dormir no escuro, embora ainda sentisse alguma apreensão.

Doenças

O que caracteriza essa modalidade de fobia é um medo exagerado de estar com alguma doença como câncer, aids ou cardiopatia e, consequentemente, morrer por causa disso. Os portadores desse tipo de fobia evitam ler ou assistir a programas na TV que tratem do assunto, assim como entrar em hospitais e até mesmo participar de conversas cujo tema gire em torno de doenças. Alguns também se examinam constantemente, observando o aspecto da língua, a coloração dos olhos, ou apalpam seu corpo à procura de algo errado. Marcam consultas frequentes com médicos, para se reassegurarem de que não há nada grave com eles.

Esse quadro difere um pouco das outras fobias, pois pode estar relacionado a outros problemas, como depressão e transtorno obsessivo-compulsivo, que será visto adiante. No entanto, pode ser um quadro puro, sobretudo se o medo se relaciona a um tipo específico de doença, ao contrário da hipocondria, em que o medo envolve diversas doenças.

TRATAMENTO DA FOBIA DE DOENÇAS

O tratamento de escolha é a terapia cognitivo-comportamental. É difícil que uma pessoa com fobia de doença faça autoexposição. No entanto, expor-se à ideia de que qualquer um pode ficar doente costuma trazer bons resultados. Ler sobre doenças e assistir a programas na TV que tratem do assunto, bem como não se esquivar de conversas sobre doenças e doentes, funcionam de modo semelhante à exposição, diminuindo desse modo o medo de ficar doente.

Outro aspecto importante diz respeito à constante necessidade de reasseguramento que essas pessoas têm de que não estão doentes. Com frequência perguntam aos familiares se parecem abatidas, pálidas ou se estão mais magras. E as respostas que habitualmente recebem são "Você parece estar bem", "Não, você não emagreceu", entre outras. Mas isso não funciona, pois a pessoa logo passa a ter de novo a necessidade do reasseguramento. Em nosso serviço no Hospital das Clínicas, temos orientado os familiares desses pacientes a responderem a essas perguntas da mesma forma que o dr. Marks recomenda que se faça no Maudsley Hospital, em Londres: "No hospital disseram que não era para responder a esse tipo de pergunta". É claro que isso tem de ser feito com o consentimento do paciente e nunca à sua revelia. Costuma dar bons resultados, por expor a pessoa ao que ela teme.

Medos não relacionados a objetos ou situações específicas

Algumas pessoas já despertam apreensivas, temendo o pior, com a sensação de que algo ruim vai acontecer e com excesso de preocupação em diversas áreas da vida, como desempenho escolar, trabalho, dinheiro, saúde dos filhos, relacionamento amoroso, entre outras. Essa ansiedade não se manifesta em crises, como no pânico, não se traduz por constrangimento diante das pessoas, por ideias intrusivas e bizarras, nem por desconforto ou esquiva de objetos ou situações. É uma ansiedade difusa, persistente, que ocorre na maioria dos dias, sob a forma de preocupação excessiva e difícil de afastar da cabeça. Essa ansiedade é denominada "transtorno de ansiedade generalizada" (TAG). Para ser diagnosticada como tal, sua duração deve ser de pelo menos seis meses. Além da preocupação constante e excessiva com problemas do cotidiano, as pessoas com ansiedade generalizada podem manifestar outros sintomas, como insegurança, nervosismo, inquietação, fadiga, dificuldade de concentração, brancos na mente, irritabilidade, tensão muscular, dor de cabeça e sono perturbado, o que causa prejuízo nas atividades do dia a dia. É comum, ainda, as pessoas relatarem que estão com os nervos à flor da pele.

TRATAMENTO DO TAG

Alguns medicamentos antidepressivos e também tranquilizantes são usados no tratamento desse transtorno. Técnicas de relaxamento também podem ser úteis. No entanto, é mais difícil conduzir esse problema com técnicas de autoexposição.

Algumas dicas práticas, porém, podem ser úteis:

- Faça atividade física — procure se engajar em uma modalidade de que você goste. Não importa que seja futebol, hidroginástica ou caminhada acelerada: apenas faça.
- Encontre uma forma de relaxar, seja por meio de atividades que lhe propiciem distração e prazer, seja usando uma técnica específica de relaxamento. Existe material sobre técnicas de relaxamento disponível para leitura e aplicação na internet, tanto em artigos como vídeos.
- Procure não se esquivar de atividades e situações que você supõe que lhe causarão mais ansiedade. Ao contrário, faça um teste e observe se os seus temores são verdadeiros.

- Identifique os pensamentos negativos relacionados à ansiedade e procure modificá-los (vide seção "Pondo o medo em seu devido lugar", no capítulo 2).

O MAIOR DE TODOS OS ENGANOS

Acreditar que você pode solucionar o seu problema esquivando-se das situações deflagradoras de ansiedade e/ou de medo é enganar a si mesmo. A esquiva encontra-se muito relacionada à superestimação da probabilidade de catástrofes. Avalie de forma racional qual a probabilidade de ocorrer o que você mais teme. Uma coisa é a ocorrência de um evento ser possível; outra coisa é ser provável. Por exemplo, a queda de um avião é um evento possível, mas é muito pouco provável que aconteça. Por isso reavalie suas crenças. E se existe uma regra a ser seguida no tratamento das fobias, ela se resume à seguinte afirmativa: *Enfrente o medo!*

6. Pensamentos que atormentam e manias que aliviam

Seu banho demorava mais de três horas por causa de uma necessidade de remover algo pegajoso da sua pele. Em uma breve pincelada, era assim que se comportava um dos pacientes da dra. Judith Rapoport, um rapaz de catorze anos que conferiu o título ao seu livro *O menino que não conseguia parar de se lavar*.[1] Essa obra pode ser útil para as pessoas portadoras do transtorno obsessivo-compulsivo (TOC), bem como para seus familiares e amigos. Alguns pacientes com esse transtorno, atendidos por mim, só descobriram que tinham TOC porque leram esse livro.

Talvez esse seja um dos transtornos mentais mais intrigantes que já foram descritos, sobretudo pelas alterações que se processam no comportamento das pessoas acometidas. Elas ficam à mercê de dúvidas do tipo: "Será que lavei minhas mãos direito?", "Será que tranquei mesmo a porta de casa?", "Terei realmente fechado o bico do gás?".

Ocorrem também pensamentos relacionados às suas consequências trágicas, como pegar uma infecção por não ter hábitos de higiene adequados, um ladrão entrar na casa por ter sido negligente ao não trancar a porta, ou causar uma explosão por ter deixado o gás aberto. Como consequência, essas pessoas passam a ter comportamentos exagerados e estranhos, como lavar as mãos em demasia e fazer verificações de que portas e janelas estejam fechadas, o gás, desligado, e outras, que podem ser repetidas até centenas de vezes. Alguns lavam tanto as mãos que ficam com dermatite. Outros, com um quadro bem mais grave, chegam a ficar com as mãos em carne viva ou sangrando, de tanto esfregá-las.

O quadro clínico desse transtorno é mais complexo e requer mais cuidados, sobretudo em relação ao tratamento. Aliás, são poucas as pessoas com esse transtorno que procuram tratamento. A falta de informação sobre a natureza do problema pode ser uma das explicações, embora nos últimos anos isso parece ter mudado. Outro aspecto é a vergonha, o constrangimento de falar sobre pensamentos e atos que muitas vezes são bizarros, o que parece levar a uma espécie de "conspiração do silêncio" por parte dos pacientes, conforme citado pela dra. Rapoport. O sofrimento é mantido em segredo.

Em 1909, Freud descreveu o caso de um homem que apresentava ideias obsessivas cujo conteúdo era o de que ratos roíam seu ânus.[2] Aqui vale ressaltar a questão de que o transtorno não é uma nova síndrome — Carl Westphal já havia descrito esses sintomas em 1878. Outro aspecto que merece ser mencionado é o de a pessoa reconhecer a falta de sentido lógico das ideias, ao contrário do que acontece nas psicoses, em que a certeza sobre seu conteúdo é inabalável, o que caracteriza um delírio (por exemplo, um homem que afirma ser Jesus Cristo).

CARACTERÍSTICAS CLÍNICAS

De acordo com o DSM-IV, as características essenciais do TOC são obsessões e compulsões persistentes que fazem com que a pessoa perca tempo, sofra com elas ou tenha sua vida prejudicada por causa delas. Ao menos em algum período durante o transtorno, a pessoa reconhece que as obsessões ou compulsões são excessivas ou irracionais, exceto em crianças e indivíduos com insight pobre, isto é, com pouca capacidade para reconhecer o exagero ou a irracionalidade do quadro.

Obsessões são pensamentos, impulsos ou imagens mentais persistentes, vivenciadas como intrusivas, que causam ansiedade. A pessoa sente que seu conteúdo é indesejável, mas não consegue ter controle, isto é, não consegue afastar isso da mente. Reconhece, no entanto, que são seus próprios pensamentos, e não algo que vem de fora. As obsessões mais comuns são pensamentos repetidos sobre contaminação, dúvidas, impulsos agressivos e imagens sexuais, e que não têm relação com dificuldades reais, como problemas financeiros, profissionais ou afetivos.

Compulsões ou rituais são comportamentos repetitivos ou atitudes mentais cujo objetivo é reduzir a ansiedade gerada pela obsessão. Por exemplo, uma pessoa pode ter uma ideia persistente de estar com as mãos contaminadas por bactérias (obsessão), e para aliviar a ansiedade que essa ideia produz, sente-se compelida a lavar e desinfetar as mãos várias vezes ao dia (compulsão), às vezes de forma tão intensa que ocorrem dermatites provocadas pelo sabão. As pessoas costumam se referir às compulsões usando a expressão "mania". Algumas vezes a família é solicitada ou mesmo obrigada por quem tem o transtorno a tomar parte nesses rituais com muita insistência, ou, mais raramente, com ameaças de agressão.

Em seu livro *Fears, Phobias and Rituals*, dr. Marks descreve o transtorno de duas formas, que podem estar sobrepostas, isto é, podem não ser puras:

1. Obsessões com rituais.
2. Apenas obsessões.

Essas são as formas de rituais que aparecem mais comumente:

- **limpeza**: decorre do medo da contaminação por sujeira do chão, de conteúdos corporais, como urina, fezes, suor, esperma e secreção de glândulas sebáceas, e também de animais, de radiação e de hospitais. A pessoa sente-se compelida a limpar, lavar e desinfetar tudo que julga estar sujo ou contaminado.
- **repetição**: ações são repetidas certo número de vezes, de acordo com uma lógica interna. Por exemplo, uma pessoa, para passar pelo vão de uma porta, deve fazê-lo dando certo número de passos. Outra, ao cumprimentar alguém dando a mão, tem que fazê-lo a mais três pessoas para que se complete quatro vezes a ação, ou que seja um múltiplo do número 4. Assim, se ela der a mão a cinco pessoas, será impelida a repetir o ato com mais três.
- **verificação**: horas podem ser gastas verificando se portas e janelas estão fechadas; ou se há fragmentos de vidro, alfinetes e agulhas pela casa, que podem ser engolidos pela própria pessoa ou por pessoas da família. Ao dirigir em uma avenida, a pessoa pode imaginar que atropelou alguém, e volta ao local grande número de vezes para verificar. Há a que observa repetidamente se os cabelos estão caindo, e faz vários outros tipos de verificação.

- **acúmulo ou coleção**: a pessoa precisa acumular objetos, quase sempre sem utilidade, como jornais velhos, itens quebrados, e até mesmo lixo e papéis que são encontrados na rua e cuidadosamente guardados.
- **ordem e simetria**: Os objetos devem ser arrumados de maneira muito peculiar, demasiadamente organizada, ou então devem estar em perfeita simetria uns com os outros. Ou, ainda, ao passar por uma porta, deverá fazê-lo de modo que seus ombros estejam à mesma distância dos batentes. Geralmente isso implica repetição da ação.

Normalmente as pessoas põem um limite para seus pensamentos e atos. Logo, se está sendo aborrecido pensar em determinado assunto, os pensamentos relativos são afastados, e a preocupação pode, no mínimo, ser adiada. Os atos também são controlados, e as pessoas podem determinar até quando prosseguir em determinada atividade, seja qual for. Os portadores do TOC, entretanto, não conseguem fazer isso.

Há muitos anos, atendi um homem no Amban que me impressionou bastante. Quando ele ia dormir e apagava a luz, era imediatamente assaltado por uma dúvida irracional: "Será que apaguei mesmo a luz?". Ele se levantava, acendia a luz e verificava se o interruptor estava na posição correta (luz ligada). Apagava a luz e voltava para a cama, mas era imediatamente assaltado pela mesma dúvida, e, assim, passava a noite fazendo essas verificações, acendendo e apagando a luz.

Uma outra paciente tinha uma ideia obsessiva de que alfinetes pudessem ter caído nos alimentos e gastava muito tempo verificando panelas, pratos e copos. Procurava também certificar-se com a família se ela mesma não havia engolido nenhum deles, repetindo a mesma pergunta dezenas de vezes: "Eu engoli algum alfinete?".

Outro caso que tive a oportunidade de observar, quando trabalhava na enfermaria de um hospital psiquiátrico, foi o de um senhor de meia-idade com uma dúvida obsessiva de ter mantido relações sexuais com sua mãe, já falecida, no caixão. Esse paciente ficava o tempo todo perguntando aos pacientes e funcionários do hospital se ele havia feito aquilo ou não. Acabou sendo agredido.

É comum haver um componente de esquiva no TOC. Por exemplo, alguém com obsessões de sujeira e contaminação pode evitar dar a mão às pessoas, ao cumprimentá-las. Visitas podem ser proibidas de entrar na casa por trazerem sujeira da rua. Às vezes, rituais complicados são impostos aos demais familiares quando vêm da rua, como terem de se despir em determinado cômodo e suas roupas irem direto para a máquina de lavar, e todos terem de tomar banho imediatamente. Os familiares podem, ainda, ser proibidos de entrar em determinados cômodos da casa ou tocar em certos objetos. A esquiva de objetos e situações tem a função de impedir a ocorrência das obsessões.

Outro aspecto que pode ser observado é a lentificação que acompanha essas pessoas. Na maior parte das vezes, ela decorre dos rituais e da perda de tempo que acarretam. Assim, uma pessoa pode ficar parada em um sinal de travessia de pedestres por uma ou mais horas, esperando até que nenhum automóvel de cor preta passe na sua frente durante um tempo preestabelecido, pois, se ele atravessasse a rua nessa circunstância, um familiar seu morreria.

Há ainda casos em que não existe razão aparente para haver lentificação. A pessoa simplesmente gasta horas para se vestir, tomar banho ou se alimentar. Um exame mais acurado, no entanto, pode revelar rituais não manifestos e também excessiva meticulosidade para fazer as coisas, mas sem haver repetição de comportamentos. Posso me lembrar de um rapaz atendido no Amban que, quando tinha consulta, precisava se levantar bem cedo, pois levava seis horas para se vestir. Ao enfiar uma das pernas em suas calças, a outra teria que repetir o mesmo trajeto, por assim dizer, com uma simetria milimétrica. Se houvesse alguma diferença, ele imediatamente se despia e começava tudo de novo. Para amarrar os sapatos, acontecia o mesmo. Os cadarços tinham que ficar idênticos, como se um fosse a imagem espelhada do outro.

Tipicamente o quadro se manifesta com obsessões que são acompanhadas de esquiva e de rituais (compulsões), que têm a função de aliviar a ansiedade. O quadro clínico do TOC tem uma variedade muito grande de situações, não seguindo o padrão de uma fobia específica, em que a ansiedade fica restrita a determinada situação ou objeto.

Há também muita variação dentro de um mesmo tema. Por exemplo, com números: enquanto alguns têm de contar até determinado número em ordem sequencial, outros têm de fazê-lo em múltiplos de quatro ou sete. Há os que têm de contar o número de letras de cada palavra dita por alguém. Tive um paciente que precisava somar os números das placas dos veículos que estavam à sua frente toda vez que parava em um sinal vermelho. Em outro caso avaliado por mim, o paciente tinha obsessões e esquiva relacionadas ao número seis. Na escola, ao contar até seis, ele ia do um ao cinco, e, quando chegava ao seis, pensava dois vezes três. Ele não se sentia bem às onze horas, porque constituíam 660 minutos. Se fosse 11h06, ele ficava apavorado, pois formavam 666 minutos, que é um número supostamente demoníaco. O paciente parou de estudar, pois o prédio se localizava no número 646. Quando dirigia, cuidava para que o hodômetro de seu carro jamais atingisse o 666. Esse policiamento excessivo acabou levando-o a sofrer um acidente de carro, felizmente sem gravidade.

Já o tema contaminação pode não ficar restrito à sujeira. Um dos primeiros casos de TOC que vi no Amban, na companhia de um colega, foi o de uma mulher que, certo dia, ao chegar da feira, enquanto desembrulhava suas compras, leu em uma das páginas de jornal que compunham o embrulho uma notícia sobre o acidente com o césio 137 ocorrido em Goiânia. A partir daí, ela desenvolveu obsessões de estar contaminada com césio 137 e passou a manifestar diversos rituais de limpeza e descontaminação de toda a casa.

Obsessões sem compulsões, embora mais raras, podem ocorrer. Uma mulher que tinha uma ideia obsessiva de esfaquear seu bebê trancava todas as facas da casa em um armário e escondia a chave. Ela apresentava o componente de esquiva, mas não executava nenhum ritual. Outra, que tinha um medo obsessivo de que seu filho morresse, precisava se levantar à noite, a todo momento, para se certificar de que seu bebê ainda estava respirando. Esse é o padrão mais comum do TOC, ou seja, obsessões que são acompanhadas de compulsões.

Apesar do caráter absurdo e sem sentido de muitas das obsessões, a probabilidade de que sejam concretizadas é remota. Dessa forma, se alguém tiver uma obsessão cujo conteúdo seja agredir fisicamente uma pessoa querida, é muito mais provável que ela reze cem ave-marias do que agredir essa pessoa.

Penso ser útil frisar o caráter estereotipado e repetitivo das compulsões. Por exemplo, um homem, depois de fechar seu carro, tinha que retornar ao local onde se encontrava o veículo cinquenta ou mais vezes. Esse comportamento, porém, acarreta alívio transitório da ansiedade. Se não fosse assim, bastaria realizá-lo uma ou duas vezes, e o problema estaria resolvido. Na verdade, a compulsão funciona para o portador de TOC como a esquiva serve para o fóbico, isto é, promovendo um falso alívio da ansiedade. O comportamento, no entanto, precisa ser mantido para que a ansiedade se mantenha em níveis baixos, decorrendo um sofrimento acentuado para essas pessoas, que acabam se tornando escravas de seus próprios rituais.

Estima-se que o TOC ocorra em aproximadamente 2,5% da população, sendo igualmente distribuído entre homens e mulheres.

Manias que permanecem escondidas

Algumas pessoas, em vez de realizarem os rituais compulsivos abertamente, isto é, manifestando-os por meio de seu comportamento de lavar, limpar, verificar etc., fazem-no mentalmente. Assim, elas podem fazer verificações mentais e rituais de lavagem e desinfecção imaginários, o que contribui para que haja a lentificação. Também podem fazê-los sob a forma de pensamentos neutralizadores de obsessões.

Um paciente que tinha obsessões relacionadas ao número treze sentia alívio ao pensar no número dezoito. Uma paciente que tinha ideias obsessivas de ficar cega precisava pensar "cega isola" toda vez que lhe ocorria um pensamento obsessivo sobre cegueira. Essas manias "escondidas", por assim dizer, aliviam temporariamente a ansiedade e são conhecidas como "rituais cognitivos", ou encobertos.

A diferença fundamental entre uma obsessão e um ritual cognitivo é que, enquanto a obsessão desencadeia ansiedade, o ritual cognitivo promove o seu alívio. A importância desse fato será mostrada na seção seguinte.

UM TRATAMENTO MAIS COMPLICADO

O tratamento do TOC é mais difícil quando comparado ao de outros transtornos de ansiedade e em geral requer medicação associada à terapia cognitivo-comportamental. Em alguns casos, esta última pode ser utilizada isoladamente, sobretudo se houver predomínio de compulsões. Ao contrário, quadros em que apenas as obsessões estão presentes parecem não responder tão bem à terapia.

Entre os medicamentos, os antidepressivos são os fármacos mais utilizados. Durante a década de 1980, e até os dias de hoje, a clomipramina tem sido usada com sucesso no tratamento do TOC, mostrando eficácia sobretudo na redução dos sintomas obsessivos.[3] Entretanto, mais tarde, quando surgiram os antidepressivos da segunda geração — fluoxetina, sertralina, fluvoxamina, paroxetina, escitalopram e outros —, eles passaram a ter uma importância maior no tratamento do TOC, pois, além de apresentarem eficácia comparável à da clomipramina, causam bem menos efeitos colaterais.[4]

O objetivo deste livro, no entanto, é explorar as possibilidades das técnicas comportamentais e cognitivas. Portanto, vou direto ao nosso assunto.

Tarefa dobrada

Enquanto o tratamento das fobias envolve principalmente a exposição aos estímulos desencadeadores de ansiedade, no TOC, além da exposição, outra técnica é utilizada: a prevenção de resposta, usada sobretudo quando há predomínio de rituais em relação às obsessões.

Neste momento, julgo oportuno dizer que seria útil que seus familiares lessem este capítulo, pois em alguns momentos difíceis eles poderão ajudá-lo. A propósito, mesmo que você já esteja sendo medicado por um psiquiatra, o fato de tomar antidepressivo não inviabiliza o uso dessas técnicas. Ao contrário: poderá até haver uma soma de benefícios.

Exposição e prevenção de resposta

Há estudos publicados mostrando que a combinação dessas duas técnicas, usadas em casa pelos pacientes e, às vezes, com a colaboração dos familiares ou cônjuges, propicia bons resultados no tratamento do TOC.[5] Um tratamento que é realizado em casa, e não em uma clínica ou hospital, tem a grande vantagem de manter a pessoa em seu ambiente natural, onde costumam ocorrer as obsessões e rituais. Há pessoas que só realizam rituais em suas casas, deixando de manifestá-los quando viajam ou quando vão à casa de alguém — um parente, por exemplo.

Se você apresenta um quadro compatível com TOC, deve, em primeiro lugar, procurar se expor às situações que desencadeiam as obsessões. Por exemplo, se você evita tocar em determinados objetos porque vai se contaminar com eles, esses objetos *devem* ser tocados. Você *deve* se sujar ou se contaminar com eles. Se o receio for de se contaminar com objetos da casa, como copos e talheres, estes *devem* ser tocados, e os rituais de lavagem *não* devem ser realizados. Isso vai levar ao aparecimento de obsessões e, claro, de ansiedade. Se você tem medo, por exemplo, de andar na rua e agredir as pessoas, deverá sair à rua e se expor a esse risco. Mais tarde, vai sentir um impulso de voltar ao local e perguntar aos outros se de fato agrediu alguém, isto é, sentirá necessidade de verificar. Não o faça. É nisso que consiste a prevenção de resposta: simplesmente em não executar o ritual. Ambas, exposição e prevenção de resposta, levarão você a perceber que o mais temido que aconteça de fato não acontece.

Você certamente vai protestar, alegando ser impossível ter que fazer determinadas coisas e deixar de executar seus rituais. E tem toda razão! Para isso, existem passos a serem dados, semelhantes aos do tratamento das fobias.

O dr. Marks, em seu livro *Fears, Phobias and Rituals*, afirma que a exposição e a prevenção de resposta devem fazer parte do tratamento e funcionam, a longo prazo, quase tão bem quando feitas pelo paciente como quando administradas por um terapeuta. Os pacientes podem, segundo ele, receber instruções e realizar os procedimentos sozinhos. Quem afirmou isso conhece o assunto como poucos. Portanto, mãos à obra.

Devo alertar, no entanto, que o sucesso do tratamento depende de um pré-requisito fundamental: o seu engajamento. De nada vai adiantar se estiver incrédulo, com o pé atrás ou com pouca disposição. Se for o seu caso, nem comece, pois, de acordo com Salkovskis e Kirk,[6] especialistas no assunto, os melhores resultados foram obtidos pelos pacientes que mais colaboraram, fazendo todas as tarefas de casa propostas.

Em primeiro lugar, uma hierarquia com situações relativas a um mesmo tema deve ser construída. Vamos supor que você tenha obsessões relacionadas à sujeira e à contaminação que venham da rua. A hierarquia pode ser construída da seguinte maneira:

- Tocar a sola de seu sapato – 5
- Tocar a sola de seu sapato, esfregar as mãos e tocá-las em seu corpo – 6
- Tocar a sola do seu sapato, esfregar as mãos e, a seguir, tocá-las nas mesas e cadeiras da casa – 7
- Tocar a sola do seu sapato, esfregar as mãos e abrir a geladeira, pegando algumas coisas lá dentro (ovos, recipientes com alimentos, garrafa d'água etc.) – 8
- Tocar a sola de seu sapato, esfregar as mãos e mexer em pratos e talheres limpos – 9
- Tocar a sola do seu sapato e segurar sua escova de dentes com a mão que tocou a sola do sapato – 10

- Tocar a sola de seu sapato, esfregar as mãos e em seguida tocar em diversos objetos da casa — 10

Pode-se notar que o primeiro item da hierarquia recebeu nota cinco. Isso foi proposital, pois a recomendação para a exposição no TOC é a de que se inicie com um nível de ansiedade moderado, e não tão baixo como nas fobias. Ocorre que, na maioria dos casos desse transtorno, a ansiedade não é vivenciada sob a forma de um pavor paralisante, como acontece nas fobias. A pessoa pode sentir desconforto, agonia, repugnância, inquietação, o que acarreta sintomas físicos menos proeminentes.

Ao se expor ao primeiro item da hierarquia, você vai sentir necessidade de lavar as mãos. Tente não fazê-lo. Mesmo que não consiga, procure ficar o maior tempo possível com as mãos sujas; de preferência até que a ansiedade diminua. Isso costuma ocorrer em cerca de trinta minutos. Repita o procedimento no dia seguinte e continue no primeiro item da hierarquia, até que a ansiedade chegue a zero. Quando isso ocorrer, passe para o segundo item e repita o mesmo procedimento adotado para o primeiro. Se a sensação de sujeira ou contaminação for muito forte ou a sua mente estiver sendo bombardeada por obsessões, acarretando ansiedade muito intensa, é possível que você só tolere permanecer uns poucos minutos sem se lavar ou sem lavar e limpar os objetos contaminados. Não tem importância. Procure, ao longo dos dias, aumentar o intervalo de tempo em que consegue permanecer sem ritualizar (lavar, limpar). Aposto que, com um pouco de persistência, conseguirá.

A hierarquia pode ser construída de forma mais genérica ou em moldes mais amplos que a do exemplo anterior. Ainda relacionado ao medo de contaminação e sujeira, poderíamos ter a seguinte disposição:

- Pegar um objeto que esteja no banheiro e depois tocar em vários outros objetos da casa, contaminando-os — 4
- Tocar na maçaneta do lado de fora da porta de sua casa e contaminar outros objetos e ambientes da casa, tocando--os — 5
- Fazer compras usando dinheiro e, sem lavar as mãos, contaminar objetos da casa — 7
- Andar por locais que estejam contaminados, por exemplo, praças em que as pessoas levam cães para passear, e depois entrar em casa e pisar em todos os cômodos — 9
- Ir à feira, pegar mercadorias, esbarrar nas pessoas, tocar as mãos nas barracas e depois contaminar a casa — 10
- Mexer no lixo e tocar outros objetos da casa — 10

Vou enfatizar mais uma vez que a exposição deve ser necessariamente sucedida da prevenção de resposta, isto é, você não poderá realizar seus rituais de lavagem de mãos, tomar banho ou lavar e desinfetar objetos com produtos de limpeza até que a ansiedade diminua. Por quê? Pelo fato de o ritual levar apenas a um alívio transitório da ansiedade. Se você realizar o ritual, logo vai sentir necessidade de fazê-lo de novo. É como o uso do álcool para diminuir a ansiedade. No início promove alívio, mas logo a pessoa precisa usar cada vez mais, o que pode levar à dependência. Seus familiares podem participar da exposição, ajudando-o, por exemplo, a contaminar a casa, desde que isso seja feito com seu consentimento.

Outra maneira que você pode usar para se expor é a evocação das obsessões. Isso quer dizer que você deve intencionalmente trazê-las à mente e se concentrar nelas todo dia, por determinado tempo. O ideal é que esse tempo seja prolongado, como o de qualquer situação de exposição, conforme mencionado antes. Vale dizer, como regra geral, que quanto mais você se expuser e quanto mais tempo conseguir permanecer sem ritualizar, mais imediatos serão os resultados. A ansiedade pode começar a diminuir em vinte minutos, mas pode levar duas horas até que aconteça. Mas, à diferença de suas expectativas negativas, ela jamais atinge um patamar insuportável. Depois de atingido esse patamar, cedo ou tarde ela decresce, o que é um indício claro de que o trabalho está funcionando.

Outra alternativa

Se preferir, a hierarquia não tem, necessariamente, que ser construída. Basta fazer a prevenção de resposta. Procede-se da mesma forma, isto é, aumentando de modo progressivo o tempo em que você permanece sem lavar ou limpar. A prevenção de resposta, por si só, já o coloca na situação de exposição, pois na medida em que você não lava, e que o intervalo de tempo sem lavar aumenta, a "sujeira" se acumula. Se você tiver rituais de verificação, o mesmo procedimento se aplica. Vamos supor que tenha um ritual de verificar se o gás está fechado e não há vazamentos, e que o faça cerca de vinte vezes a cada noite. O tratamento consiste na diminuição gradual de suas idas à cozinha para verificar, enquanto se deixa expor pelas dúvidas obsessivas de estar ou não havendo um vazamento de gás. Isso deve ser feito até que consiga verificar uma única vez.

Reconheço que pode não ser fácil, sobretudo se as obsessões incluírem imagens da casa voando pelos ares em uma violenta explosão. É por isso que a prevenção de resposta deve ser realizada em um passo a passo.

Aumente o tempo entre as verificações. Aos poucos, você conseguirá extinguir esse comportamento.

Faça um registro por escrito dos exercícios realizados. Esse diário pode ser composto da seguinte maneira, para rituais de lavagem, por exemplo:

DATA	EXERCÍCIO	HORA INICIAL	FREQUÊNCIA DO RITUAL	HORA FINAL
10/6	Não lavar as mãos	8h30	6 vezes	10h10
11/6	//	8h40	6 vezes	10h30
12/6	//	8h40	5 vezes	10h05
13/6	//	8h40	3 vezes	10h30
14/6	//	8h30	2 vezes	10h15
15/6	//	8h30	2 vezes	10h20

Observe, ao fazer seu diário, como a frequência com que você realiza os rituais diminui. Pode-se usar, também, a diminuição da ansiedade (zero a dez) como indicador de melhora. Nesse exemplo foi usado o ritual de lavar as mãos, mas o mesmo é válido para outros tipos de rituais, como o de verificação. No caso de lavar as mãos, o ideal é que você atinja a meta de só lavar as mãos antes das refeições e após usar o banheiro. Em relação a rituais de verificação, o ideal é que o faça uma única vez. Você também pode considerar o tempo gasto para executar os rituais. Por exemplo, o tempo gasto na limpeza da casa.

Outra forma de avaliar a melhora seria mediante a quantidade de material de limpeza usado no mês, ou do número de sabonetes gastos por semana, que, com a redução do tempo de permanência no banho, tende a diminuir.

Parei com as manias, mas os pensamentos continuam

Ainda que a prevenção de resposta tenha sido realizada de modo adequado, esta é uma situação que pode ocorrer. Você conseguiu extinguir os rituais, mas as obsessões não o deixam em paz. O que fazer? Uma medicação adequada, prescrita por um psiquiatra, pode resolver o problema. Entretanto, se não for possível, ou se você não quiser, há uma alternativa de exposição que funciona muito bem: a saturação.[7] A técnica consiste em escrever em um caderno ou gravar em um áudio todas as obsessões que ocorrerem à sua mente na sua forma original e, depois, ler ou escutar seu conteúdo até cansar, isto é, até que a ansiedade se dissipe.

Vou usar o exemplo do gás. Vamos supor que, após um trabalho de prevenção de resposta, você não precise mais verificar a toda hora se o gás está fechado, mas a ideia de que possa estar havendo um escape e suas consequências não saem de sua cabeça. Você pode então registrar suas obsessões. Vou exemplificar um conteúdo hipotético de obsessões:

> Talvez eu tenha deixado um dos bicos do gás aberto. Deve estar vazando gás. Preciso saber. Se estiver vazando mesmo, não posso acender nenhuma luz, senão pode haver uma explosão. Meu Deus, se estiver vazando gás, todos vão morrer intoxicados. Por minha culpa, por pura negligência da minha parte, todos vão morrer. E agora? Se eu acender a luz, a casa vai voar pelos ares. Não tem jeito, todo mundo vai morrer.

A leitura ou escuta repetida desse conteúdo costuma levar, em um primeiro momento, ao aumento da ansiedade e, mais tarde, à extinção das obsessões. O procedimento pode ser usado com qualquer tipo de obsessão, mas não deve ser feito com os rituais cognitivos, pois neutralizam a ansiedade. O objetivo da saturação, em qualquer tipo de exposição, é fazer emergir a ansiedade para que haja a habituação, ou seja, a diminuição da ansiedade ou mesmo sua extinção.

Outra situação em que essa técnica pode ser útil é quando você tem apenas obsessões. Isso ocorre com menos frequência no TOC, mas pode ocorrer também durante o curso de depressões, ou persistir mesmo depois do seu tratamento. Como exemplo, cito o caso de Armando, um homem de 38 anos que, após ter sido tratado de depressão grave, apresentou obsessões persistentes de estar contaminado com o vírus da aids.

O paciente vinha sendo medicado por mim e foi encaminhado para uma colega para submeter-se a uma terapia comportamental. Durante o processo, optou-se por registrar por escrito o conteúdo de suas obsessões, que era lido em voz alta por ele duas vezes ao dia ou mais:

> Não se pode confiar nem nos médicos. Os exames dão errado. Talvez o meu também tenha dado errado e eu esteja com aids. E se trocaram meu exame? E se deu alguma coisa errada? As pessoas erram a toda hora. Será que os exames estão errados? Qual será a porcentagem de erro do laboratório? Será que o técnico que fez o exame é uma pessoa relaxada? Será que o laboratório é uma nojeira, sangue pra todo lado? A perícia sanitária constata chiqueiros em restaurantes. Será que o laboratório é um chiqueiro? Será que os exames e o sangue para os testes são mal manipulados, ficam fora da temperatura? Será que as pessoas que trabalham tomam cuidado? E se eu precisar

de sangue, como vai ser? Dá para confiar nos testes, no sangue que vai ser injetado em mim?

Em pouco tempo, houve grande melhora do quadro, com o desaparecimento de quase todas as obsessões. De vez em quando surgiam algumas dúvidas, que também se dissiparam pouco tempo depois.

Perguntas e mais perguntas

Seria interessante, nesse momento, que as pessoas de sua família também lessem este livro. Um dos rituais que se observam com frequência no TOC é o de a pessoa dirigir aos familiares repetidas perguntas que estão relacionadas com suas obsessões. As perguntas podem ser: "Estou com as mãos limpas?", "Será que verifiquei o gás?", "A casa está mesmo em ordem?", "Será que machuquei alguém?".

Essas perguntas buscam um reasseguramento, uma confirmação de que está tudo bem. A tendência de sua família vai ser de reassegurá-lo, dizendo que está tudo bem, que suas mãos estão limpas, que a porta está trancada, que o gás está fechado. Essas respostas, no entanto, tal qual em outros rituais, promovem apenas um alívio transitório da ansiedade, e a necessidade de repetir a pergunta é imediata.

Como essas perguntas são dúvidas obsessivas, elas devem ser submetidas também à prevenção de resposta. Vou pedir sua permissão agora para orientar sua família em como proceder quando essas perguntas forem feitas (e lembro também que o procedimento só será feito se você estiver de acordo): o que vocês — pai, mãe, responsável, avós, irmãos, marido/esposa — devem fazer é simplesmente responder, em um tom de voz neutro e quantas vezes forem necessárias, com a seguinte frase: "No livro está escrito para não responder a essas perguntas".

Pensamentos neutralizadores

Conforme mencionei na seção "Manias que permanecem escondidas", esses pensamentos são usados com o objetivo de aliviar as obsessões. Ocorre, porém, que, com o passar do tempo, eles vão sendo evocados com uma frequência cada vez maior. São rituais cognitivos. Por exemplo, a pessoa começa a realizar mentalmente toda a limpeza da casa, ou a rever quantas vezes esfregou as mãos durante a lavagem. Esse é um problema que pode surgir com a prevenção de resposta. Isto é, com o bloqueio dos rituais abertos, eles passam a ocorrer de forma encoberta.

Uma coisa é impedir que algo visível ocorra, como lavar as mãos várias vezes ao dia; outra, é impedir que isso ocorra na mente. Vou citar um exemplo: Nilson, um rapaz de vinte anos, tinha ideias obsessivas sobre perder sua namorada. Uma de suas obsessões consistia em um refrão de uma música dos Beatles cujo conteúdo não saía de sua cabeça — "*You're gonna lose that girl*", que significa "Você vai perder aquela garota" —, e se repetia muitas vezes. Para neutralizar essa obsessão, Nilson tinha que repetir o mesmo número de vezes o refrão, mas na forma negativa: "*You aren't gonna lose that girl*", que significa: "Você não vai perder aquela garota". Para se livrar da perturbação causada pela obsessão, Nilson criou um ritual cognitivo para neutralizá-la. Esse comportamento, no entanto, não era observável, pois só ocorria em sua mente.

Uma técnica que se utiliza para interromper o ritual cognitivo é a parada do pensamento, um procedimento pouco mencionado entre os vários trabalhos sobre o tratamento do TOC.[8] Toda vez que o pensamento neutralizador emergir, ele é bloqueado usando esse procedimento. No caso de Nilson, foi usado um elástico em seu pulso. Cada vez que vinha à sua mente o pensamento neutralizador (*You aren't gonna lose that girl*), ele tensionava o elástico e o soltava, infligindo um pouco de dor física a si mesmo, de modo a deter o pensamento.

Técnicas cognitivas

Embora alguns estudos sobre terapia cognitiva do TOC mostrem resultados controversos, algo pode ser tentado para diminuir a intensidade da ansiedade acarretada pelo conteúdo das obsessões.[9] É possível se perguntar, por exemplo, qual a probabilidade de uma pessoa querida morrer se você deixar de verificar se trancou a porta vinte vezes por dia. É bastante improvável, não acha? A própria avaliação que a pessoa faz de suas obsessões pode embutir um considerável grau de distorção. Por exemplo, pode-se ter pensamentos obsessivos relacionados a agredir as pessoas e, por causa disso, julgar-se uma pessoa violenta; ou achar que ter tais pensamentos é tão ruim quanto concretizá-los.[10] Questione-se no sentido de averiguar se você de fato poderia realizar concretamente o que lhe passa pela cabeça e se pensar é, de fato, o mesmo que fazer. Embora as técnicas de exposição e prevenção de resposta sejam mais eficazes que as técnicas cognitivas no tratamento do TOC, penso que as últimas podem ajudar a pessoa a se engajar mais no tratamento. Dessa forma, seria desejável haver uma combinação dos procedimentos, o que pode levar a um benefício maior.

RELATOS DE CASOS

Por se tratar de um quadro mais complexo que o de outros transtornos ansiosos e, por essa razão, seu tratamento ser um pouco mais difícil, penso que seja oportuno ilustrar o capítulo com alguns casos que tive a oportunidade de tratar nos últimos anos. É possível que os exemplos sirvam de modelo para o planejamento de sua própria exposição e prevenção de resposta.

O caso de Lucas

Lucas, de 39 anos, veio para sua consulta dizendo que havia lido *O menino que não conseguia parar de se lavar* e descobriu que tinha TOC desde criança: ninguém podia tocar nos seus brinquedos, pois eles ficariam contaminados. Mesmo quando adulto, seus banhos eram demorados — mais de uma hora —, por ele sentir-se contaminado, o que o fazia perder muito tempo. Se o banho fosse curto por causa da pressa, ficava transtornado.

Além disso, queixou-se de verificar muito as coisas. Por exemplo, quando trancava a porta do carro, tinha que voltar para verificar cinco vezes. Contas precisavam ser feitas e refeitas diversas vezes. O problema vinha se agravando nos últimos tempos, com sua dificuldade para se concentrar, o que dificultava a leitura. Às vezes era assaltado por pensamentos que pareciam não ser seus. Quando conversava com homens, por exemplo, surgia um pensamento sobre ser homossexual, acompanhado de desconforto.

Mas o principal problema, segundo ele, ocorria em sua casa: ele tinha repulsa a esperma. Após o ato sexual com a esposa, sentia-se sujo. Precisava ficar duas horas no banho e chegava a gastar mais de um sabonete por vez. Após a relação sexual, ficava com a sensação de a cama estar suja, então precisava trocar os lençóis.

Além disso, não podia circular pelos cômodos, com exceção do banheiro, para não contaminar a casa inteira. A esposa também tinha que tomar banho, mas ele ficava na dúvida se ela havia se limpado direito. Mesmo com a troca de lençóis e o banho prolongado, ele tinha a sensação de sujeira. Vinha tendo relações sexuais mais espaçadas, pois os rituais de lavagem o cansavam.

Lucas recebeu o diagnóstico de TOC e foi medicado com fluoxetina, que chegou à dose de sessenta miligramas ao dia, com melhora parcial dos sintomas. Paralelamente foi dado início a um programa de terapia comportamental com base, sobretudo, na exposição e prevenção de resposta. O principal objetivo de Lucas era conseguir tomar um banho mais curto. Para que isso ocorresse, era preciso fazer com que diminuísse sua sensação de sujeira e contaminação.

Como o local mais contaminado era o banheiro, construímos uma hierarquia que abrangia vários lugares da casa, com exposição prévia ao banheiro. Assim, começamos com Lucas tocando as paredes do banheiro e, a seguir, seu próprio corpo e diversas partes e objetos da casa que foram dispostos em uma hierarquia:

- Tocar na TV — 3
- Tocar em talheres — 3,5
- Comer — 4
- Tocar em um copo usado após tomar banho — 5
- Mexer em roupas que usa para trabalhar — 6
- Tocar no estofado das cadeiras — 8 ou 9

A exposição começou com o nível 3 da hierarquia por Lucas sentir que o item 1 e 2 desencadeavam pouca ansiedade. Após tocar na TV, ele deveria ficar o máximo de tempo possível sem se lavar. Conforme a ansiedade ia diminuindo, ele entrava em contato comigo por mensagem e nós decidíamos qual seria o próximo passo, procurando sempre respeitar a hierarquia.

A ansiedade de Lucas diminuiu e ele foi se sentindo mais tranquilo e com mais facilidade para se concentrar e entender o que lia, que era outra de suas dificuldades. Manifestou o desejo de tratar os rituais de verificação paralelamente aos de lavagem, e a primeira tarefa nesse sentido foi a de proibi-lo de voltar e verificar se a porta do carro estava trancada.

Lucas continua em tratamento, embora o ritmo com que executa as tarefas tenha diminuído. Sua melhora foi nítida e espero que, a exemplo de alguns outros portadores de TOC, não abandone o tratamento após essa melhora parcial.

O caso de André

André, um rapaz de 22 anos, vinha de um tratamento anterior em razão de um quadro de depressão e, em meio a esse, passou a apresentar rituais de vários tipos. Lavava muito as mãos, que chegavam a ficar vermelhas; lavava suas roupas separadas das dos demais; pegava em objetos, como maçanetas, usando um lenço de papel; antes de ler, tinha que verificar se uma série de coisas estava em ordem.

Além disso, ele apresentava rituais mais específicos, como o de contagem — quando fazia qualquer coisa, lavar as mãos ou a louça, tinha que contar o número de vezes que fazia isso — e o de coleção — jornais velhos não podiam ser jogados fora, pois isso o deixava desesperado. Ao contrário da maioria dos casos, ele não apresentava obsessões.

O problema maior era sua adesão ao tratamento. Ele não dava continuidade às consultas, interrompia precocemente a medicação e manifestava muita resistência em fazer os exercícios.

O que mais o incomodava nos últimos tempos era não conseguir se livrar dos jornais velhos. Estabeleci um programa de prevenção de resposta com ele. A ideia era que ele se livrasse de um determinado número de exemplares por dia. Paralelamente, era incentivado a encurtar o tempo de lavagem das mãos e a não contar e a não fazer verificações pelo tempo que fosse possível. Isso deu bom resultado.

Em relação à coleção de jornais velhos, foco de extrema ansiedade, começamos com apenas um exemplar e aumentamos para dois, cinco, dez, e assim por diante. André, no entanto, não conseguiu realizar a tarefa, pois sentia necessidade de ler tudo o que estava nos exemplares que iam ser postos no lixo antes de fazê-lo, o que tornou essa incumbência absolutamente inviável. Ele tentou separar apenas os cadernos mais interessantes, mas isso o fazia perder horas. Solicitei então, com o seu consentimento, que a família supervisionasse a tarefa de jogar fora os jornais, custasse o que custasse. Desse modo, houve progresso e ele conseguiu jogar fora uma grande quantidade de jornais.

O caso de Adriana

Adriana, de 27 anos, tinha medo de ficar cega desde os sete anos. À noite, quando ia dormir, necessitava manter algum tipo de luz no quarto, pois não ficava no escuro. Cerca de quatro anos atrás, ela começou a se queixar de estar cheia de manias, irritabilidade e insônia. Nesse período, quando pensava em uma coisa ruim, tinha sempre que bater em uma madeira "para isolar". O número de manias e a frequência com que precisava realizá-las, porém, foi aumentando. Ela precisava se olhar no espelho muitas vezes, caso contrário, poderia ficar cega. Em lugares onde nunca havia estado e aos quais talvez não retornasse, como certas cidades para as quais viajou, tinha que olhar para tudo, pois, se não visse os mínimos detalhes, ficaria cega.

O mais difícil para Adriana era a hora de dormir, quando os rituais ficavam mais exacerbados. Ela precisava lavar as mãos várias vezes, olhar-se no espelho, tocar em vários objetos e olhar para vários pontos do seu quarto. Um dos rituais mais recentes que havia surgido era o de contar. Por exemplo, ela tinha que tirar e vestir suas roupas várias vezes e deitar e levantar várias vezes, sempre contando. Não sentia vontade de sair, pois bastava chegar a um lugar e já tinha que ficar olhando para todos os objetos, sem deixar escapar nenhum.

Além dos rituais que realizava externamente (contar, olhar para tudo), Adriana passou a apresentar um ritual cognitivo que era uma tentativa de neutralizar a obsessão de cegueira. Cada vez que lhe ocorria a ideia de ficar cega, ela tinha que pensar "cega isola".

Ela também tinha sintomas físicos de ansiedade, como dor de cabeça, náusea, dor de estômago, taquicardia, formigamento nas mãos e tontura. Havia perdido o prazer em tudo, o gosto pela vida, e tinha emagrecido quatro quilos nos últimos meses.

Adriana tinha dificuldade de identificar obsessões que ocorriam mais recentemente, mas era capaz de citar todos os seus rituais. Por exemplo, quando entrava no banheiro, precisava lavar as mãos várias vezes, mas não sabia por quê. Ela não fazia mais a associação entre suas mãos estarem contaminadas de alguma forma e de ela cegar a si mesma, caso não as lavasse direito. Sentia, sim, medo de tocar os olhos e ficar cega, mas não sabia como isso poderia acontecer. Havia o ritual de vestir-se e despir-se, ligar e desligar a TV, ir muitas vezes à casa de uma tia para não ficar cega, olhar-se no espelho diversas vezes, contar seus passos enquanto andava, usar papel higiênico várias vezes contando, colocar leite no copo em cinco etapas, beber contando os goles, e olhar detidamente para ruas e casas, tentando fixar bem a imagem. Ao caminhar na rua, se visse um espelho, precisava parar e se olhar. Concomitantemente aos rituais, ela precisava cada vez mais usar o ritual cognitivo "cega isola" para tentar neutralizar a ideia obsessiva de ficar cega. Além disso, ela tinha sensações de visão alterada, como uma sombra, e também de estar com o seu campo visual estreitado, o que só piorava a obsessão.

O diagnóstico de TOC foi estabelecido e ela foi medicada com fluoxetina. Houve melhora parcial do quadro, mas alguns efeitos colaterais se manifestaram.

Fiz uma espécie de mapa do quadro de Adriana, procurando identificar os desencadeantes de suas obsessões e os rituais relacionados a elas. No início, ela achava que estava enxergando de modo estranho. Havia quebrado um termômetro e ocorria-lhe uma ideia persistente de que resíduos de mercúrio haviam ido parar em seus olhos.

Adriana e eu elaboramos um texto com pensamentos que nada mais eram do que variações sobre o tema "ficar cega", que era lido por ela, todo dia, em voz alta:

Acho que vou ficar cega. Eu vou ficar cega. Será que estou ficando cega? E agora? O que vai ser de mim, cega? Se eu ficar cega mesmo, vou preferir me matar. Será que estou enxergando legal? Será que não estou perdendo a visão? Não quero enxergar desse jeito estranho.

Foi sugerido que, paralelamente à exposição, ela fizesse a prevenção de resposta. Combinamos, dessa forma, que ela realizaria seus rituais uma única vez e não os repetiria. Para o ritual cognitivo ("cega isola"), orientei-a a fazer a parada do pensamento. Quando ela estivesse em casa, poderia bater a mão na mesa uma vez enquanto diria a si mesma em voz alta: "Para com isso". Na rua e no trabalho, ela usaria um elástico no pulso e, em vez de dizer a frase em voz alta, o faria apenas em pensamento no momento em que tracionasse o elástico e o soltasse sobre o pulso.

Apesar da melhora, havia muita oscilação. Vários problemas familiares e afetivos parecem ter contribuído para que Adriana vivesse constantemente em estado de ansiedade. Algumas vezes ela não conseguia fazer a prevenção de resposta, em outras, a parada do pensamento. Em um desses períodos de piora, quando estava no trabalho, ela não parava de olhar para os lados para verificar se estava enxergando bem. Outra obsessão surgiu, também acompanhada de um pensamento neutralizador. A obsessão era relacionada ao pai e consistia na frase "Não quero mais ver você", que era imediatamente seguida de outro ritual cognitivo: "Não, eu quero ver sim, quero ver sempre".

Após uma tentativa de aumentar a dose da fluoxetina sem sucesso, e com efeitos colaterais que a incomodavam, optei por tentar a sertralina. Não houve melhora; só dos efeitos colaterais. Propus também que Adriana fizesse um programa de exposição mais forte para suas obsessões de ficar cega: que fosse ao setor de oftalmologia do Hospital das Clínicas e ajudasse as pessoas cegas que estivessem saindo do ambulatório, acompanhando-as até a saída do hospital. Durante o trajeto, ela deveria puxar conversa e o tema deveria ser a cegueira: como ficaram cegas, há quanto tempo aconteceu etc. Infelizmente, Adriana teve dificuldade para fazer o exercício. Ela até fez uma ou duas vezes, mas o problema maior era o fato de ela morar em um bairro distante e ter dificuldade de ir e voltar do hospital. Sugeri, então, que ela procurasse alguma literatura sobre o assunto — sugeri o *Ensaio sobre a cegueira*, de José Saramago —, e também que usasse um tapa-olho em casa. Enfatizei que me parecia necessário que ela se expusesse mais e também que procurasse realizar a prevenção de resposta com mais afinco.

O caso de Jorge

Jorge, de 35 anos, contou que tinha ciúme doentio da esposa, a ponto de controlá-la o tempo todo. Ele sabia que era um exagero, mas não conseguia se conter. Quando chegava em casa, a esposa tinha que fazer um detalhado relatório de como havia sido o seu dia. "Sei que é coisa da minha cabeça, mas não consigo deixar pra lá", afirmou ele. Se estivessem caminhando na rua e ela olhasse para uma casa, ele logo perguntava quem ela conhecia daquela casa. No apartamento em que moravam, ele não queria que ela ficasse na varanda, para evitar uma possível situação de flerte. Durante o dia ela era obrigada a ligar para ele e contar o que estava fazendo ou o que já havia feito. Ele ficava verificando a toda hora se a esposa o havia traído. Racionalmente ele sabia que não tinha motivos para pensar dessa forma e ter esse tipo de comportamento, mas os pensamentos invadiam a sua cabeça. Foi feito o diagnóstico de TOC e não delírio de ciúme, em que existe a certeza de estar sendo traído.

O paciente foi medicado com escitalopram, antidepressivo que também tem sido usado no tratamento do TOC.[11] Houve grande melhora do quadro, com extinção total das obsessões de ciúme e rituais de verificação depois de dois meses de tratamento.

O caso de Ana Paula

Ana Paula, de 21 anos, veio para sua primeira consulta queixando-se de imagens repugnantes que não lhe saíam da cabeça e com uma sensação de estar fazendo coisas erradas. Tinha pensamentos de ser uma pessoa ruim e sentia-se impelida a fazer coisas contra a sua natureza. Os pensamentos vinham contra a sua vontade, e ela não conseguia afastá-los. Sentia medo de fazer algo errado e afastar-se de Deus, embora não fosse uma pessoa religiosa. A notícia na TV da aparição de uma santa na Iugoslávia levou-a a pensar que tinha que mudar de vida, embora, racionalmente, achasse que não havia nada de errado com a sua.

Certa vez, queria comer uma bolacha, mas teve que prometer a Deus alguma coisa, e foi justamente não comer a bolacha, pois achava que era errado. Uma das imagens que invadiam a mente de Ana Paula era a de um ator vestido de diabo de um comercial da TV. Quando os pensamentos e imagens lhe vinham à cabeça, suas atividades ficavam prejudicadas, pois sentia-se obrigada a parar o que estivesse fazendo. Por exemplo, se estivesse se vestindo, tinha que parar, pois prosseguir significava que estava compactuando com o mal. Isso lhe dava tanto medo que ela chamava alguém, em geral a mãe, para ficar com ela.

Em associação a essas imagens e pensamentos, Ana Paula desenvolveu uma série de rituais. Ela se via obrigada a trancar e destrancar cinco vezes a porta do seu quarto, bem como a verificar os trincos das portas e vitrôs da casa. Além disso, lavava muito as mãos, pois, quando rezava, tinham que estar extremamente limpas.

As obsessões ocorriam com frequência no seu quarto e no banheiro. Ao vestir suas roupas de baixo, vinha o pensamento de que estava ofendendo os santos ou fazendo algo sujo, sexual. Isso fazia com que tirasse e vestisse novamente essas roupas diversas vezes. Quando usava o banheiro, imagens de santos e de um crucifixo instalavam-se em sua mente, e ela sentia que estava ofendendo a Deus por causa da sujeira e da "parte sexual". Então Ana Paula não conseguia jogar o papel higiênico que havia usado no cesto de lixo. Se o fizesse, tinha que pegá-lo e jogá-lo novamente várias vezes. Pegar o sabonete no banho desencadeava o pensamento de que ela estava desejando o mal para alguém. Se esbarrasse as mãos em um lugar não limpo, precisava lavar as mãos. Se não as lavava, sentia desconforto e tensão.

Na faculdade, uma de suas obsessões era a de desejar mal ao professor. Quando isso ocorria, ela tinha que riscar o que havia escrito e escrever de novo. Dizia também que ninguém gostava dela por ser muito nojenta.

A paciente, que recebeu o diagnóstico de TOC, foi medicada com clomipramina, e houve diminuição na frequência e intensidade das obsessões. Além disso, foi orientada a não tentar afastar as obsessões de sua mente. Em vez disso, devia estimular sua ocorrência colocando as mãos em lugares não limpos, segurando o sabonete, jogando o papel higiênico no lixo e tendo contato com outros desencadeantes de obsessões. No mais, ela foi orientada a não realizar seus rituais pelo tempo que pudesse aguentar, de preferência por noventa minutos.

Ao longo das consultas, Ana Paula descrevia obsessões e rituais que não havia descrito anteriormente, o que dificultava mais o trabalho de avaliação, pois, embora parecessem novidades, não eram de fato. Por exemplo, ao acordar, tinha que rezar. Quando pensava em algo ruim, como "estar aceitando o mal", tinha que olhar para os quatro cantos do ambiente da casa em que se encontrava. Ainda em relação a pensar sobre o mal, outro ritual que descreveu foi o de pôr e tirar as roupas da irmã dos cabides.

Mesmo com a grande quantidade de obsessões e rituais, houve melhora do quadro com a estimulação das obsessões e a prevenção de resposta maciça.

PARA SINTETIZAR

Estes passos podem ajudá-lo a se programar e a obter êxito na programação dos procedimentos que devem ser realizados para haver melhora do quadro:

1. Identifique as obsessões, sejam pensamentos, imagens ou impulsos.
2. Identifique quais os fatores que desencadeiam as obsessões.
3. Exponha-se às suas obsessões, seja por exposição aos seus desencadeantes, seja por exposição direta ao seu conteúdo (texto ou áudio gravado).
4. Faça a prevenção de resposta, isto é, não ritualize.
5. Use a parada do pensamento para rituais cognitivos e também para pensamentos neutralizadores.
6. Faça registros, anotando a frequência e a intensidade das obsessões e rituais ou a ansiedade experimentada durante a exposição e prevenção de resposta.
7. Não esmoreça, seja persistente, pois pode valer a pena.

7. Traumas de efeito prolongado

O transtorno de estresse pós-traumático (TEPT) foge do padrão habitual. O quadro costuma se manifestar como uma resposta tardia a um evento estressante de curta ou longa duração, de natureza ameaçadora ou catastrófica.

Ao contrário de outros transtornos psíquicos, cujas causas ainda são pouco conhecidas, no TEPT pode-se dizer que a causa é, ao menos em parte, a própria experiência traumática vivida pela pessoa.

É possível observar uma relação direta entre o evento traumático e suas consequências. Uma das explicações possíveis é a instalação de uma resposta condicionada a um evento traumático.[1] Como nem todas as pessoas que experimentam episódios traumáticos desenvolvem o TEPT, seria mais correto admitir a existência de vulnerabilidade individual biológica para a sua manifestação.

Entre as situações mais comumente relatadas como causadoras do TEPT estão:

- **ser vítima ou testemunha de desastres naturais ou causados pelo homem**: inundações, incêndios, desabamentos;

- **ser vítima ou testemunha de acidentes sérios de**: carro, avião, transportes coletivos;
- **ser testemunha de**: violência, tortura psicológica ou morte;
- **ser vítima de**: tortura, terrorismo, estupro, assalto, sequestro ou relacionamentos abusivos;
- **ser vítima ou testemunha de**: guerras ou confinamento em campo de concentração;
- **passar por situações inesperadas**: morte súbita ou doença em um membro da família.

Os traumas desencadeadores do quadro geralmente fogem dos acontecimentos normais do dia a dia, embora eventos como assalto, estupro e violência infelizmente sejam bastante frequentes em algumas localidades. De todo modo, pode-se dizer que, quanto maior a intensidade do trauma, maior será a gravidade do quadro.

No momento do episódio traumático, ou durante o período em que ele ocorre, a pessoa experimenta medo, desamparo e sensação de impotência. Os sintomas que se seguem são episódios repetidos de revivescência do trauma, sob a forma de flashbacks e pesadelos, irritabilidade, raiva, tensão, depressão, insônia, sobressaltos e esquiva de tudo que faça lembrar o episódio que deu origem ao quadro. Por exemplo, para uma pessoa que tenha se envolvido em um desastre automobilístico sério, qualquer som que faça lembrar o episódio original, que pode ser o som de uma freada, uma batida próxima, ou mesmo cenas de filmes em que haja colisões de veículos, deflagra uma reação de intensa ansiedade. Geralmente a manifestação dos sintomas após o trauma leva algum tempo para ocorrer. Ao entrar em contato com situações do dia a dia que lhe recorde o trauma original, a pessoa experimenta muito medo, desconforto e sintomas físicos de ansiedade (taquicardia, falta de ar, entre outros).

Um dos aspectos que diferenciam o TEPT dos outros transtornos ansiosos é a ocorrência, não rara, de entorpecimento ou anestesia emocional. A pessoa fica apática, indiferente, sobretudo se a esquiva das situações que a fizerem se lembrar do trauma não for possível. Essa indiferença parece protegê-la da sensação de aversão que se instala quando o evento original é lembrado. O abuso de álcool e drogas é uma das complicações que podem ocorrer no curso do TEPT.

Nas situações em que ocorre estupro, a pessoa tem intenso sentimento de impotência durante o ato e, depois, sente dor, depressão, diminuição da autoestima e uma atitude de autorreprovação. Hostilidade e desconfiança em relação aos homens pode se instalar de forma notável. É frequente o surgimento de disfunção sexual nessas mulheres, como diminuição ou abolição do desejo sexual, incapacidade de ter orgasmos e vaginismo (contração espástica da musculatura que circunda a vagina). Embora mais raro, o estupro também pode ocorrer com homens. Quem assistiu ao filme O *príncipe das marés*, de Barbra Streisand, vai se lembrar do personagem interpretado por Nick Nolte, que, quando era garoto, foi estuprado por ladrões que invadiram a sua casa. O evento pareceu ter acarretado um estado de distanciamento afetivo e amnésia, que foi resolvido quando ele pôde reviver, durante uma sessão de terapia, o trauma até então esquecido.

Uma situação que quase sempre ocorre com pessoas em qualquer modalidade de TEPT é a vitimização. A pergunta feita é quase invariavelmente a mesma: "Por que isso foi acontecer comigo?". É possível que essa pergunta esteja calcada em concepções próprias que alguns apresentam. Uma delas seria a crença de invulnerabilidade; isto é, acreditar, de fato, que é impossível que isso aconteça. Outro aspecto plausível está relacionado a uma percepção distorcida do mundo. Aqui a pessoa julga que está vivendo em um mundo belo e justo. Acredita também que, se for uma boa pessoa, dedicada, nada de mal lhe acontecerá. Com sua invulnerabilidade já estabelecida, a pessoa está sempre esperando o melhor, subestimando, assim, a probabilidade de ocorrerem eventos negativos. O sentido de segurança é então seriamente abalado pelo trauma, e a confiança nas pessoas pode ficar comprometida.

Um exemplo citado na literatura especializada é o de uma mulher que foi estuprada em sua própria casa pelo namorado, que parecia ser alguém meigo e gentil. Ela desenvolveu um quadro de TEPT muito mais grave que o de uma mulher que foi assaltada e estuprada por um estranho.[2] Outro fator que pode contribuir definitivamente para a cristalização do quadro é a atribuição da causa a si mesmo. É comum mulheres que foram estupradas responsabilizarem, de forma equivocada, a si mesmas pelo infortúnio. Crenças como "Sou o tipo de mulher que procura problemas" podem exercer papel importante na cronificação do quadro. A perda da autoestima nesses casos é frequente.[3]

CASOS COMUNS E TRISTES

Trarei aqui dois casos que fiz a triagem no Hospital das Clínicas. Eles não foram tratados por mim, mas por colegas, dentro do Instituto.

Bruna, uma arquiteta bem-sucedida de trinta anos, ao chegar de carro à porta do prédio em que morava em companhia do namorado, deteve-se por alguns minutos só para terminar uma história que vinha lhe contando no caminho. Foi o tempo suficiente para que dois homens armados com revólveres os abordassem. O namorado de Bruna foi instruído a passar para o banco de trás, ao lado de um dos bandidos, e Bruna permaneceu no banco da frente com o outro. O que estava atrás mostrava-se impaciente e pediu todos os cartões de banco que tivessem e, claro, as respectivas senhas para que pudessem fazer saques em caixas automáticos.

O problema maior foi que Bruna só conseguia se lembrar da senha de um dos seus três cartões, o que despertou profunda irritação em um deles. Ela tentou explicar que estava há tempos sem usar os outros dois, daí a dificuldade de se lembrar das senhas, o que não diminuiu a irritação dele. Ao contrário, duvidando do que ela dizia, pegou a sua bolsa e vasculhou-a detidamente. Nesse momento, os dois assaltantes estavam nervosos.

Felizmente, eles ficaram satisfeitos com os saques obtidos com um dos cartões de Bruna e com o cartão do seu namorado. O casal foi deixado dentro do carro, em um local pouco movimentado, sem a chave.

Esse assalto pode ser classificado como light, sobretudo se pensarmos que poderiam ter ocorrido situações mais trágicas, como estupro e assassinato. No entanto, se as consequências físicas foram brandas para Bruna, o mesmo não se pode dizer das consequências psicológicas. Ela chorava muito, dormia mal, alternava estados de humor de extrema explosividade com apatia, não queria ver ninguém, e parecia amedrontada com tudo. Além disso, não conseguia mais dirigir, nem andar de carro ao lado de alguém, pois se alguém se aproximasse do carro, fosse um vendedor ambulante, um pedinte ou um flanelinha, Bruna tinha uma reação de pavor intenso, e a única coisa que via na sua frente era o assaltante com um revólver na mão, ameaçando-a. Nesses momentos ela se sentia paralisada, com o coração a galope e um ímpeto de abrir a porta do carro e sair correndo dali.

Mas não era só nessas situações que o pavor se instalava. Lembranças do assalto, sobretudo dos momentos em que ficou refém dos assaltantes, intrometiam-se em sua mente sob a forma de flashbacks, o que gerava mais ansiedade e aversão. Isso ocorria mesmo quando estava em casa. Além do medo, sintomas como opressão no peito, falta de ar e dores musculares estavam presentes no seu quadro.

Acredito que situações semelhantes a essa já foram vividas por você ou alguém próximo. Essa paciente, especificamente, foi tratada em um estudo realizado no Instituto de Psiquiatria do Hospital das Clínicas. Se o paciente não precisar de medicação, a rememoração sistemática (exposição às memórias traumáticas), descrita no livro, pode ajudar.

Há cerca de oito anos participei de um projeto de pesquisa no Instituto de Psiquiatria do HCFMUSP sobre abordagens psicológicas no tratamento do TEPT e até hoje me recordo do caso insólito de uma mulher que atendi na triagem.

Ela estava em sua casa, em uma tarde de sábado, quando seu ex-marido, autorizado pelo porteiro do prédio, arrombou a porta do apartamento em que ela morava com o filho pequeno e a agrediu violentamente. Ele pisou várias vezes em seu corpo, inclusive na cabeça, agarrou o filho e se atirou da janela.

Acho que dá para imaginar o estado em que essa mulher ficou. Não consegui dizer quase nada a ela. Só segurar sua mão. Mas pude sentir o estrago que havia sido feito dentro dela diante do suicídio do marido e o homicídio do filho. Isso foi muito triste.

Essa paciente também foi acompanhada pelo estudo do Hospital das Clínicas. Os dois casos, este e o de Bruna, precisaram de tratamento especializado, com psiquiatras e psicólogos.

QUADRO CLÍNICO

A seguir listo alguns dos critérios para o diagnóstico de TEPT do DSM.

- **Exposição a um evento traumático**: vivenciar ou testemunhar situações que envolvam morte ou ferimento grave ou ameaça à integridade física própria ou de outros, levando a uma resposta de medo, impotência ou horror.
- **Revivescência persistente do trauma**: lembranças aflitivas e intrusivas, em forma de imagens, pensamentos, episódios de flashbacks e sonhos aflitivos. Sofrimento físico e psicológico quando da exposição a situações que lembrem algum aspecto do trauma.
- **Esquiva persistente de estímulos associados com o trauma e torpor emocional**: locais, conversas, pensamentos e pessoas que lembrem o trauma são evitados. Distanciamento emocional, isolamento social, diminuição do interesse, incapacidade para recordar aspectos relativos ao trauma, diminuição do afeto (capacidade de sentir), falta de expectativas em relação à vida.
- **Sintomas persistentes de excitabilidade aumentada**: insônia, irritabilidade, dificuldade para se concentrar, hipervigilância e sobressaltos.
- **Duração do quadro**: pelo menos um mês.

Ao contrário das fobias específicas, os estímulos que desencadeiam ansiedade no TEPT geralmente têm uma amplitude maior, de modo a acarretar prejuízo significativo na vida profissional ou social. Por exemplo, uma mulher estuprada passa a temer a aproximação de qualquer homem, pois todos se tornaram ameaças.

É provável que o número de situações que essa mulher passe a evitar seja bastante grande, uma vez que homens estão em quase todos os lugares.

Há muitas histórias que podem ser ouvidas de gerações mais antigas, sobretudo de imigrantes que vivenciaram os horrores da Segunda Grande Guerra. As consequências também podem ser observadas. Um dos professores de um colégio de São Paulo ficava inquieto e apreensivo toda vez que um avião cruzava o céu. Se o avião fosse muito barulhento ou estivesse voando muito baixo, ele cobria a cabeça com um jornal que sempre trazia consigo. Dizia-se nos corredores que esse professor era neurótico de guerra. Havia também um dentista que fechava os olhos e parava de usar a broca durante a passagem de aviões. São traumas, e seus efeitos podem permanecer por anos.

No filme *O franco-atirador*, em que boa parte da ação se passa no Vietnã, os horrores da guerra e suas consequências são mostrados de forma indubitável por Pierre Morel. Em *A lista de Schindler*, Steven Spielberg trouxe imagens cruas, em branco e preto, semelhantes a um documentário, de centenas de judeus na Polônia sendo assassinados a sangue-frio, uns na frente dos outros. Esse tipo de experiência é, para quem a vivenciou, potencialmente causadora do TEPT.

A sra. Hanna Levigman, judia de origem romena, vivia em Bratislava, na antiga Tchecoslováquia, quando os alemães ocuparam o território tcheco, inclusive a sua cidade. Hanna tinha treze anos na época. Ela concordou em me conceder um depoimento em que narrou algumas de suas experiências traumáticas durante a ocupação nazista: "Eu vejo os soldados até hoje. Fecho os olhos e vejo. Eu detesto falar nessas coisas. Eu não assisto a filmes, não leio livros sobre o assunto. Fujo. Não quero nem saber". Nesse pequeno trecho do seu discurso já é possível constatar a revivescência de imagens e a esquiva.

Certa vez, já no Brasil, ao conhecer uma senhora durante uma pequena viagem, esta se mostrou alegre com o encontro, exclamando: "Que felicidade, uma sobrevivente da guerra. Agora você vai sentar ao meu lado e me contar tudo". Hanna, no entanto, recusou-se a conversar sobre qualquer assunto que se referisse à guerra, indo sentar-se longe dela. Mais adiante, ela prosseguiu com suas lembranças:

> Eu frequentava o ginásio alemão, que era a melhor escola de minha cidade. Um dia cheguei à escola e estava escrito em grandes panfletos: JUDEUS E CACHORROS, A ENTRADA É PROIBIDA. Eu fiquei muito chocada. Aí, acabou o estudo... Morávamos em um lugar bonito, em frente à universidade. Mudamos de casa onze vezes. Cada dia para um lugar pior. Foi sorte não termos sido deportados. Não podíamos ir a lugares públicos, restaurantes, teatro, cinema, piscina, nenhum lugar. Se saíssemos, havia um horário para voltar. Tínhamos que usar uma estrela amarela para todo mundo saber quem era judeu. Eu me recusei. Peguei a estrela e botei na bolsa...

Hanna rebelava-se contra as imposições nazistas, burlando a vigilância e frequentando locais proibidos, como uma confeitaria que havia na cidade, onde conheceu um jovem médico, católico, por quem se enamorou. Ele se propôs a ajudá-la, escondendo-a no hospital, se fosse necessário. Nesse período, a cidade passou a ser alvo de bombardeios.

O primeiro bombardeamento veio tão de repente que as sirenes foram ligadas depois que muita gente tinha morrido. Casas estavam destruídas, os mortos eram vários... Um dia, três dias depois do bombardeamento, encontrei um amigo de Herbert que me falou "pêsames". "Pêsames por quê?", perguntei. "Eu não sei se ele era seu noivo, namorado... Que horror que ele morreu." Disse que ele foi do trabalho para a casa dele, e as bombas o pegaram na rua e cortaram ele em pedaços... Eu comecei a correr, correr, correr, correr...

A ocupação nazista e a perseguição aos judeus ganhavam maiores proporções. O fato levou Hanna a se mudar com a família para um sítio onde residia um motorista de táxi eslovaco. Um bunker havia sido construído sob o solo de uma colina, nas imediações do sítio do motorista, onde ela e sua família se esconderam durante sete meses. Era um cubículo revestido de madeira, onde havia dois baldes. Um era usado para higiene; o outro, como vaso sanitário.

Um dia, por uma saída imprudente, ela foi localizada e encaminhada para a deportação. Fingindo estar com dor abdominal, ela conseguiu ser levada ao hospital onde trabalhava um médico, amigo de seu namorado, que havia morrido no bombardeio.

Não sei bem com quem falei, mas disse que era a namorada do Herbert, que a Gestapo ia me prender e que ele disse que poderiam me ajudar. Um deles era um estagiário, cirurgião, amigo dele, e me perguntou se eu tinha apêndice. Eu disse que sim. Ele falou que podia operar e dizer que havia uma perfuração. Eles me deram anestesia local. Eu gritei, eu berrei... Um dizia para o outro: "Será que vamos conseguir?". Acho que fui o primeiro caso deles. Conseguiram. Eu tenho até hoje uma cicatriz imensa. Saí do hospital ajudada por aquele motorista de táxi, com documentos falsos. Depois fiquei sete meses debaixo da terra, no bunker. Foi horrível. Um dia chegou um monte de alemães com os cachorros para procurar e... não sei, mas milagrosamente não chegaram até o bunker. Procuraram perto e passaram... Lá tinha bombardeios. Fiquei sete meses. Não passei fome, mas só comia macarrão. Fiquei anos sem poder ver macarrão. Quando saí, não podia abrir os olhos por causa da luz do sol.

Com a chegada dos russos, Hanna pôde sair do abrigo, escapando da deportação. Era o ano de 1945, a guerra estava chegando ao fim. Imagens de bombardeios, soldados da Gestapo e pessoas mortas eram frequentes e acompanhadas de intensa revolta. Ela se casou com um homem que conhecera logo depois da guerra. Era um homem violento, que a agredia fisicamente. "Eu estava covarde, não sei... porque, em vez de reagir quando ele me agredia fisicamente, eu não fazia nada. Acho que eu estava insensível... Muita coisa eu não lembro, ficou apagada."

É possível, por meio de suas vivências, observar o estado de anestesia afetiva e perda de memória que acomete as pessoas que passam por experiências traumáticas. No Brasil, muitos anos depois, Hanna procurou ajuda psiquiátrica. "Sabe o que falou o médico? Ele falou: 'Eu não entendo como você não ficou louca pelo resto da sua vida ou entrando e saindo de clínicas.'"

Normalmente, a frequência com que ocorre o TEPT na população geral oscila entre 1% e 2%,[4] mas estima-se que esse percentual se eleve em áreas cuja população tenha sido vítima de um evento traumático (por exemplo, uma enchente).

Embora não disponha de números, eu poderia supor que, no Brasil, a frequência com que ocorre o TEPT em mulheres que foram estupradas seja bem mais elevada que na população geral. O que parece complicar tudo, efetivamente, é a dificuldade que elas têm para procurar ajuda. Algumas vezes, chegam para tratar sintomas de ansiedade e depressão, mas não tocam no incidente que deflagrou o quadro, mesmo quando conseguem se lembrar dele.

TRATAMENTO

Em relação ao tratamento medicamentoso, os antidepressivos inibidores seletivos de recaptação da serotonina (ISRS) têm se mostrado eficazes no tratamento do TEPT. Há estudos que mostram que os ISRS foram eficazes em diminuir as imagens intrusivas (flashbacks) e promover redução dos sintomas físicos.[5] Entretanto, a esquiva de situações relacionadas ao trauma original não se alterou com o uso desses medicamentos.

Há relativamente poucos estudos publicados sobre o uso de técnicas comportamentais e cognitivas no tratamento do TEPT. No entanto, o que há em comum na maioria deles é o fato de algum tipo de exposição estar sempre presente, o que facilita a reestruturação cognitiva.[6] A ansiedade, então, decresce e passa a ser percebida como menos terrível.

A ansiedade causada pela avaliação catastrófica acarreta esquiva, enquanto a exposição pode levar à sua modificação, isto é, torná-la menos assustadora. Em outras palavras, ao reviver as cenas relativas ao trauma original, a pessoa com TEPT experimenta muita dor e ansiedade. No entanto, isso pode ser modificado com a exposição repetida, que, ao diminuir a ansiedade, diminui também o valor atribuído pela pessoa a essas revivescências.

David Barlow, em seu livro *Anxiety and Its Disorders*, defende o uso da exposição, desde que ela seja gradual, isto é, desde que uma hierarquia seja respeitada. Para o autor, é importante que haja também um suporte social adequado, ou seja, a pessoa deve receber apoio da família e dos amigos para que possa superar seu trauma.

A exposição deve ser feita em duas modalidades:

1. **Na imaginação**: as cenas relacionadas ao trauma são listadas e ordenadas da menor para a maior intensidade de

ansiedade experimentada, atribuindo-se notas de zero a dez, da mesma forma que nas fobias. A pessoa se expõe às cenas de menor intensidade para as de maior intensidade. Isso pode ser feito gravando um áudio, com a própria voz e em primeira pessoa, com o conteúdo das revivescências traumáticas. Essas devem ser bem explicitadas, com a maior fidelidade possível em relação ao episódio traumático original, e descritas com detalhes. O conteúdo também pode ser registrado sob a forma de texto, que deve ser lido em voz alta, da mesma forma como é descrita no capítulo 6 para o tratamento das obsessões. Tratando-se de TEPT, eu, particularmente, defendo o uso de áudios gravados, que parecem tornar o procedimento mais prático.

2. **Ao vivo**: a exposição é feita em relação às situações que são evitadas. Também é melhor que se construa uma hierarquia. Procede-se da mesma forma que na exposição realizada na imaginação, embora o número de situações listadas possa ser menor. Não importa se você conseguir cinco ou dez itens, o importante é que a exposição gradual torne esse procedimento viável. Algumas vezes, durante a exposição ao vivo, memórias traumáticas que se encontravam esquecidas podem ressurgir. Se isso ocorrer, tornando-se difícil de suportar, deve-se retornar à exposição na imaginação, utilizando o seu conteúdo.

É importante salientar que a exposição ao vivo isolada não parece produzir o mesmo efeito benéfico que em outros transtornos ansiosos. Ao contrário, tudo indica que a exposição por meio de imagens mentais, isto é, a exposição às memórias traumáticas, é mais benéfica, sobretudo por permitir acesso mais amplo e detalhado aos aspectos relativos ao trauma.[7]

Penso que, antes de trazer um exemplo, alguns aspectos em relação ao TEPT devam ser mencionados. O primeiro deles, já citado anteriormente, diz respeito à vitimização. É frequente ouvir de pessoas que passaram por experiências traumatizantes como tortura, acidentes com morte, assaltos e estupro, a pergunta: "Mas por que isso foi acontecer logo comigo?". Eu concordo com você que foi uma infelicidade, que isso não deveria ocorrer. Mas gostaria de lhe fazer a seguinte pergunta: "Você vai optar por tentar resolver o seu problema com um tratamento, ou vai preferir se lamentar pelo resto da vida?".

Outro aspecto é o da culpa que algumas pessoas atribuem a si mesmas pelo curso que os eventos tomaram. Assim, em um acidente de carro em que várias pessoas morreram, alguém poderia sentir-se culpado por ter sobrevivido. Quem assistiu ao filme *Gente como a gente*, de Robert Redford, pode se lembrar da culpa que o personagem principal sentia pela morte do irmão no naufrágio de um barco. Quando ocorre o estupro, é comum a pessoa se censurar e se autorrecriminar por ter agido assim, e não assado. Ainda em relação ao estupro, cabe dizer que, em alguns casos, o estuprador é um namorado ou o próprio marido, então nem sempre é fácil entender tudo o que aconteceu.

O SILÊNCIO DE VIVIAN

Vivian, uma bióloga de 34 anos, procurou-me no consultório e contou que já havia feito um tratamento anterior, no qual fora medicada com dois antidepressivos. Inicialmente discorreu sobre os efeitos colaterais dos medicamentos para depois contar que seu marido havia transformado sua vida em um pesadelo.

O comportamento dele, segundo ela, começou a mudar no dia do casamento, quando a proibiu de participar de sua própria festa. A esse fato sucederam-se crises de ciúme e proibições de visitas a outras pessoas, inclusive aos pais dela, com ameaças de morte. Vivian passou a sentir muito medo, mal-estar e tontura. O marido a obrigava a fazer tudo o que ele queria. Ela me contou, durante a consulta, que ele havia tentado estuprá-la três vezes. Depois de alguns anos, ela engravidou, mas perdeu o bebê, o que despertou a fúria do marido, que a culpava e a ameaçava de morte. Ela se separou dele, mas não conseguia mais sair de casa sozinha. Quando me procurou, estava separada havia poucos meses, mas o marido continuava a importuná-la, fazendo ameaças.

Seus sintomas, além dos já descritos, incluíam pesadelos com ele, perda do prazer nas coisas do dia a dia, tristeza, mágoa, pensamentos negativos, cansaço, desânimo, insônia e a sensação de estar em pânico. Quando dirigia, ao avistar um carro que lembrasse o carro dele, instalava-se uma reação de sobressalto. Ela não conseguia mais conversar com homens, evitando o contato a qualquer preço. Culpava-se por não ter agido mais cedo e sentia-se uma pessoa sem nenhum valor. Ao sair de carro, acompanhada por alguém da família, sentia desespero e queria retornar imediatamente. Sentia medo de tudo em qualquer lugar que estivesse.

A paciente foi de início medicada com um antidepressivo e um tranquilizante, pois, além de estar deprimida, ainda apresentava alguns sintomas de pânico. Houve melhora global do quadro após algumas semanas com a medicação. Os pesadelos e a esquiva de situações, entretanto, continuavam. Houve também piora da tristeza.

Foi feita a troca do antidepressivo, e um programa de exposição ao vivo foi sugerido a ela, com instruções para enfrentar as situações que lhe causassem medo. Vivian não conseguiu se expor, pois tudo a fazia se lembrar do ex-marido. A exposição, ainda que respeitasse uma hierarquia, deflagrava flashbacks de momentos ameaçadores e discussões com ele. Além disso, nesse ponto do tratamento, as lembranças se tornaram mais nítidas, e Vivian sentiu-se mais confiante para se abrir comigo, pois fatos novos surgiam a cada momento. Ela me contou, por exemplo, que o então marido frequentemente dormia com uma faca, ameaçando-a de morte repetidas vezes. Também a ameaçava de envenenamento.

Sugeri que fizéssemos juntos uma lista de todas as situações de ameaça que havia vivido com esse marido e que a usássemos em um programa de exposição na imaginação. A relação de situações foi feita, e notas de zero a dez foram atribuídas à ansiedade desencadeada ao entrar em contato com elas:

- Apertava seu braço com força, várias vezes, e a arremessava para dentro do carro — 5
- Transtornado, ele a jogava no sofá da sala de estar — 5
- Frequentemente fazia ameaças com uma faca, tanto em casa como dentro do carro — 7
- Aos gritos, dizia que ela não prestava, chamando-a de vagabunda, dizendo que ela tinha que fazer tudo o que ele mandasse senão poderia não amanhecer viva — 9
- Ameaçava-a de morte enquanto ela tentava dormir, com veneno na comida ou com faca, caso ela contasse a alguém — 9
- Ao saber que estava grávida, enfureceu-se, dizendo que o filho não era dele, e a ameaçou de morte — 9
- Tentou estuprá-la três vezes. Ele a agarrou à força, rasgou suas roupas e a machucou. Ela se debatia, gritava e o empurrava — 10

O trabalho de exposição consistiu inicialmente em gravar, com a própria voz de Vivian, os dois primeiros itens da hierarquia. Isso foi feito com a maior riqueza de detalhes possível. Vivian deveria ouvir o áudio em casa, diariamente, por pelo menos uma hora, ou até perceber diminuição considerável da ansiedade que sentia.

A tabela a seguir registra a evolução do quadro em relação à ansiedade. Os valores e observações foram anotados por Vivian e se referem ao item 1 da hierarquia.

DATA	ANSIEDADE INICIAL	ANSIEDADE FINAL	OBSERVAÇÕES
2/3	5	8	Falta de ar, dores no peito, pés e mãos gelados e revolta enquanto eu ouvia.
3/3	5	7	//
4/3	5	7	//
5/3	5	6	Notei que os sintomas melhoraram, mas me senti mal no dia seguinte.
6/3	5	6	//
7/3	4	5	//
8/3	3	4	//
14/3	3	2	Um pouco de nervosismo. Sonolência no dia seguinte.
15/3	3	?	Dormi.
16/3	3	?	//
18/3	2	?	//
19/3	2	?	//
20/3	1	?	//

Note-se que, a partir do dia 14/3, houve diminuição significativa da ansiedade e que Vivian até dormiu ouvindo o áudio nos dias seguintes.

Durante a exposição, ela teve sonhos com o ex-marido. No entanto, esses sonhos já não apresentavam caráter de pesadelo como antes. Embora ainda sentisse mal-estar ao dirigir, havia períodos em que já não sentia nada. De modo geral, os períodos de melhora foram ficando mais longos.

Vivian prosseguiu com a exposição na imaginação, e sua ansiedade foi a zero em todos os itens. Por iniciativa própria, ela resolveu passar por lugares onde havia tido brigas e discussões com seu ex-marido e não sentiu nenhum desconforto.

No entanto, o que permanece em seu quadro é a esquiva em relação aos homens. Qualquer aproximação ou abordagem por parte deles faz disparar um alarme dentro dela, sinalizando perigo. Tenho procurado incentivá-la a fazer exposição ao vivo, olhando para os homens, permitindo sua aproximação, e também a questionar uma crença que me parece muito arraigada em sua mente: a de que todos os homens são iguais ao ex-marido.

* * *

Para finalizar, gostaria de lembrar que o fato de a causa do TEPT ser conhecida não muda o seu tratamento. Em linhas gerais, os princípios de exposição e reestruturação cognitiva são os mesmos que já foram descritos.

Autoavaliação*

A utilização de algumas escalas que forneçam uma medida dos sintomas de ansiedade e depressão pode ser útil para que se possa avaliar dados como a intensidade e o tipo de medo, além da gravidade dos sintomas depressivos.

Essas escalas podem ser aplicadas antes e depois de utilizadas as técnicas descritas neste livro. Com isso, é possível fazer uma comparação para saber se houve ou não melhora do quadro. Você poderá aplicá-las antes de começar os exercícios e repeti-las um mês, três meses e seis meses após o início deles. A diminuição na pontuação das escalas é indicativa de melhora.

Caso tenha obtido pontuação alta em alguma das escalas, sempre indico, se possível, a busca por um médico psiquiatra e/ou um terapeuta psicanalista, para que os tratamentos complementem as técnicas trazidas aqui.

---

* As escalas e inventários contidos nesta seção foram desenvolvidos pelo autor.

1. Escala para avaliação de sintomas depressivos

Escolha o número da escala abaixo que melhor descreva como você se sentiu pelo menos nas duas últimas semanas. Escreva o número escolhido no espaço correspondente a cada afirmativa.

0 = Nada
1 = Pouco
2 = Bastante
3 = Excessivamente

1. Sinto-me triste ou irritado.
   .... [ ]
2. Perdi o interesse ou o prazer por todas ou quase todas as coisas.
   .... [ ]
3. Perdi ou ganhei peso ou estou com o apetite diminuído ou aumentado diariamente (sem que eu esteja fazendo dieta).
   .... [ ]
4. Não consigo dormir ou durmo em excesso quase todos os dias.
   .... [ ]
5. As pessoas me dizem que estou mais lento ou mais agitado.
   .... [ ]
6. Estou cansado e sem energia quase todos os dias.
   .... [ ]
7. Sinto-me inútil ou culpado quase todos os dias.
   .... [ ]
8. Tenho dificuldade para pensar, concentrar-me ou tomar decisões quase todos os dias.
   .... [ ]
9. Tenho desejado morrer ou me matar.
   .... [ ]

Faça a soma dos pontos. Se for maior ou igual a dez, é provável que você esteja com um quadro depressivo que requeira tratamento medicamentoso. A presença de pelo menos cinco dos nove itens, em intensidade tal que acarrete prejuízo nas atividades diárias, também é indicativa de depressão.

2. Escala para avaliação do pânico

Faça um círculo em SIM ou NÃO para cada uma das seguintes afirmativas em A e B.

A. Sintomas de pânico

Meu coração dispara ou falha.	SIM	NÃO
Fico com as mãos ou o corpo todo suado.	SIM	NÃO
Tenho tremores ou estremecimentos.	SIM	NÃO
Sinto falta de ar ou sensação de sufocamento.	SIM	NÃO
Minha garganta fecha.	SIM	NÃO
Sinto dor ou desconforto no peito.	SIM	NÃO
Sinto náusea ou mal-estar na barriga.	SIM	NÃO
Tenho a sensação de que vou cair ou desmaiar.	SIM	NÃO
Sinto-me estranho, distante das coisas e de mim mesmo.	SIM	NÃO
Tenho medo de perder o controle ou de ficar louco.	SIM	NÃO
Tenho medo de morrer.	SIM	NÃO
Minhas mãos ou outras partes do meu corpo ficam formigando.	SIM	NÃO
Sinto ondas de frio ou de calor.	SIM	NÃO

B. Caracterização dos ataques

Os sintomas desenvolvem-se abruptamente.	SIM	NÃO
Os sintomas atingem um máximo de intensidade em poucos minutos.	SIM	NÃO
Os sintomas ocorrem de forma inesperada e se repetem.	SIM	NÃO

Se você marcou SIM em quatro ou mais afirmativas do grupo A, e SIM em todas as afirmativas do grupo B, e os sintomas não forem devidos a uma doença física ou ao efeito de uma droga, é provável que você esteja com pânico.

3. Escala de esquiva e desconforto para agorafobia

Escolha o número que melhor caracteriza a sua ansiedade nas várias situações relacionadas abaixo. Escreva o número escolhido no espaço correspondente a cada afirmativa.

0 = Ausência de desconforto
1 = Desconforto moderado
2 = Desconforto intenso
3 = Evito por causa de intenso desconforto

1. Sair de casa sozinho.
   .... [ ]
2. Ficar em casa sozinho.
   .... [ ]
3. Usar transporte coletivo ou automóvel.
   .... [ ]

4. Frequentar locais cheios ou multidões.
.... [ ]
5. Enfrentar congestionamentos.
.... [ ]
6. Enfrentar filas.
.... [ ]
7. Usar elevadores.
.... [ ]
8. Passar por túneis, passarelas ou pontes.
.... [ ]
9. Frequentar espaços abertos e cheios.
.... [ ]
10. Viajar.
.... [ ]

Uma ou mais afirmativas assinaladas com score três ou quatro indica que você tem um quadro de agorafobia. Quanto maior o número de situações assinaladas, maior será a gravidade do quadro. Faça a soma dos pontos e use o gabarito abaixo para se orientar:

Até nove pontos — Agorafobia leve
De dez a vinte pontos — Agorafobia moderada
Acima de 21 pontos — Agorafobia grave

4. Inventário para avaliação de ansiedade social e de desempenho

Assinale (V) para verdadeiro ou (F) para falso em cada uma das afirmações:

1. Sinto-me bem ao lado das pessoas.
(V) (F)

2. Evito comer ou beber na frente dos outros.
(V) (F)

3. Sinto-me tranquilo quando tenho que falar em público.
(V) (F)

4. Fico inibido ao participar de reuniões.
(V) (F)

5. Sempre que posso, procuro não escrever diante das pessoas.
(V) (F)

6. Sinto-me confortável em eventos sociais.
(V) (F)

7. Ao ser apresentado a alguém, sinto grande desconforto.
(V) (F)

8. Não me importo de cometer erros ou falar bobagens.
(V) (F)

9. Procuro evitar compromissos sociais formais (casamentos, celebrações, batizados).
(V) (F)

10. Sinto-me à vontade quando estou com pessoas que não conheço.
(V) (F)

11. Geralmente fico nervoso ao ter que me dirigir a autoridades.
(V) (F)

12. Posso tranquilamente dar uma festa e convidar uma porção de gente.
(V) (F)

13. Evitaria ser o centro das atenções na maioria das situações.
(V) (F)

14. Aprecio ter que me reportar ao meu chefe.
(V) (F)

15. É comum não me sentir bem em jantares e festas.
(V) (F)

16. É fácil para mim estar em uma situação de flerte (paquera).
(V) (F)

17. Sinto-me nervoso ou tenso quando falo ao telefone na presença de outras pessoas.
(V) (F)

18. Geralmente me sinto tenso ao conversar com estranhos.
(V) (F)

19. Sinto-me relaxado quando estou sendo observado.
(V) (F)

20. Não sou nem um pouco tímido.
(V) (F)

Marque 1 ponto para cada alternativa assinalada por você que coincidir com o gabarito a seguir:

1. (F); 2. (V); 3. (F); 4. (V); 5. (V); 6. (F); 7. (V); 8. (F); 9. (V); 10. (F); 11. (V); 12. (F); 13. (V); 14. (F); 15. (V); 16. (F); 17. (V); 18. (V); 19. (F); 20. (F).

Quanto maior for a pontuação nessa escala, mais grave será o quadro de fobia social. Pontuação igual ou inferior a sete pode ser considerada normal. Pontuação igual ou maior que catorze denota elevado grau de ansiedade social.

5. Inventário de obsessões e compulsões

Escolha um número para cada afirmativa que melhor descreva o que ocorre com você. Escreva o número escolhido no espaço reservado para cada afirmativa.

0 = Nunca
1 = Raramente
2 = Frequentemente
3 = Sempre

1. Tenho pensamentos ruins que não me saem da cabeça.
   ....[ ]
2. Gasto muito tempo me lavando ou limpando tudo.
   ....[ ]
3. Preocupo-me com temas relacionados a sujeira e contaminação.
   ....[ ]
4. Faço muitas perguntas às pessoas que me são próximas para me assegurar de que tudo está bem.
   ....[ ]
5. Tenho muitas dúvidas em relação a quase tudo o que faço.
   ....[ ]
6. Tenho uma rotina muito rígida.
   ....[ ]
7. Tenho ímpetos de ofender, agredir fisicamente ou ferir as pessoas sem querer fazer isso.
   ....[ ]
8. Perco muito tempo verificando tudo repetidas vezes.
   ....[ ]
9. Preocupo-me em demasia com que tudo esteja em ordem.
   ....[ ]
10. Tenho pensamentos ou imagens com sexo de uma forma que vai contra os meus princípios.
    ....[ ]
11. Gasto muito tempo com minhas atividades.
    ....[ ]

12. Imagens violentas ou repugnantes se intrometem na minha mente.
....[ ]
13. Não consigo me desfazer de coisas sem utilidade.
....[ ]

Faça a soma dos pontos em todos os itens. Pontuação superior a catorze é sugestiva de TOC. No entanto, é importante lembrar que é a interferência causada pelas obsessões e compulsões na vida do indivíduo que determina a gravidade do quadro.

6. Escala de sintomas do TEPT

Para cada uma das seguintes afirmativas dos grupos A, B e C, faça um círculo em SIM ou NÃO.

A. Revivescência

Tenho tido lembranças aflitivas, repetidas e intrusivas relativas ao trauma.	SIM	NÃO
Tenho tido pesadelos repetidos com o trauma.	SIM	NÃO
Tenho tido experiências intensas de revivescência do trauma, flashbacks, e ajo ou me sinto como se o trauma estivesse ressurgindo.	SIM	NÃO
Tenho me sentido bastante perturbado quando me recordo do trauma, mesmo tendo decorrido um bom tempo desde sua ocorrência.	SIM	NÃO

B. Esquiva

Tenho feito esforço para evitar pensamentos ou sentimentos associados com o trauma.	SIM	NÃO
Tenho me esforçado para evitar atividades, situações ou lugares que me façam lembrar do trauma.	SIM	NÃO

Há aspectos relacionados ao trauma de que não consigo me lembrar.	SIM	NÃO
Perdi o interesse nas minhas atividades depois do trauma.	SIM	NÃO
Tenho me afastado ou me mantido à distância das pessoas desde o trauma.	SIM	NÃO
Não consigo mais ter sentimentos como antes (por exemplo, carinho).	SIM	NÃO
Não tenho mais expectativas em relação ao futuro desde o trauma.	SIM	NÃO

C. Aumento da excitabilidade

Tenho dificuldade para adormecer ou permanecer dormindo.	SIM	NÃO
Tenho sentido irritação ou manifestado acessos de raiva.	SIM	NÃO
Tenho dificuldade persistente para me concentrar.	SIM	NÃO
Fico o tempo todo hipervigilante, em estado de alerta, desde que o trauma ocorreu.	SIM	NÃO
Vivo com sobressaltos, assustando-me facilmente, desde que o trauma ocorreu.	SIM	NÃO
Tenho intensas reações físicas (por exemplo, coração disparado) quando me lembro do trauma.	SIM	NÃO

Se você respondeu SIM a UMA ou mais afirmativas no grupo A, TRÊS ou mais afirmativas no grupo B, e DUAS ou mais no grupo C, é provável que você esteja com um quadro de TEPT.

Agradecimentos

Algumas pessoas me ajudaram, direta ou indiretamente, na confecção deste livro. Gostaria de deixar registrada aqui minha gratidão a Francisco Franco, biólogo do Instituto Butantan de São Paulo; Maria Eduarda Guimarães, do banco de dados da *Folha de S.Paulo*; Rosina Tavares, do Centro de Treinamento e Operações de Voo da Varig; Valéria de Vilhena Lombardi, da biblioteca da Faculdade de Medicina da Universidade de São Paulo; os amigos Carmem e Hernani Lotufo, Clemen Fraga Moreira, Carmem Teresa e Carlos Henrique de Moraes; os colegas Antonio Helio Guerra Vieira Filho, Francisco Lotufo Neto, Laura Helena Silveira Guerra de Andrade, Ligia Ito, Luiz Armando de Araújo, Luiz Monteiro da Cruz Neto, Marcio Bernik, Mireia Roso, Renata Krelling, Vera Tess e Zenon Lotufo; meus pais, Sara e Sergio Paes de Barros; meu irmão e minha cunhada, André e Rita Paes de Barros; e, por fim, meus pacientes, que tanto têm me ensinado ao longo de todos esses anos.

Notas

1. SOBRE O MEDO E A ANSIEDADE [pp. 9-18]

1. Isaac Marks, *Fears, Phobias and Rituals*. Nova York: Oxford University Press, 1987.
2. American Psychiatric Association, *Diagnostic and Statistical Manual of Mental Disorders*. 4. ed. Washington, DC: American Psychiatric Association, 1994.
3. Ronald C. Kessler et al., "Lifetime and 12Month Prevalence of DSM-III-R Psychiatric Disorders in the United States. Results from the National Comorbidity Survey". *Archives of General Psychiatry*, Chicago, v. 51, n. 1, pp. 8-19, 1994.
4. Svenn Torgersen, "Genetic Factors in Anxiety Disorders". *Archives of General Psychiatry*, Chicago, v. 40, n. 10, pp. 1085-9, 1983.
5. K. R. Jamison e M. G. McInnis, "Genetic Studies of Manic-depressive Illness". *Nature Medicine*, Nova York, v. 2, n. 5, pp. 521-2, 1996.
6. Alan Goldstein e Edna B. Foa, *Handbook of Behavioral Interventions*. Nova York: John Wiley & Sons, 1980.
7. I. M. Marks, *Behavioural Psychotherapy: Maudsley Pocket Book of Clinical Management*. Bristol: Wright, 1986.
8. Id., "Behaviour Therapy. The Reduction of Fear: Towards a Unifying Theory". *Canadian Psychiatric Association Journal*, Ottawa, v. 18, n. 1, pp. 9-12, 1973.
9. A. T. Beck et al., *Terapia cognitiva da depressão*. Rio de Janeiro: Zahar, 1982.

2. O TERROR SEM MOTIVO [pp. 19-48]

1. G. Keller, *Síndrome do pânico*. 5. ed. São Paulo: Globo, 1995.

2. W. M. Eaton, A. Dryman e M. Weissman, "Panic and Phobia". In: L. N. Robins e D. A. Regier (Orgs.). *Psychiatric Disorders in America*. Nova York: The Free Press, 1991.

3. V. Gentil et al., "Clomipramine, a Better Reference Drug for Panic/ Agoraphobia. I. Effectiveness Comparison with Imipramine". *Journal of Psychopharmacology*, Oxford, Reino Unido, v. 7, n. 4, pp. 316-24, 1993; D. V. Sheehan e K. Harnett-Sheehan, "The Role of SSRIs in Panic Disorder". *The Journal of Clinical Psychiatry*, Memphis, Tenn., v. 57, suplemento 10, pp. 51-8, 1996; M. D. Mochcovitch e A. E. Nardi, "Selective Serotonin-Reuptake Inhibitors in the Treatment of Panic Disorder: A Systematic Review of Placebo-Controlled Studies". *Expert Review of Neurotherapeutics*, Londres, Reino Unido, v. 10, n. 8, pp. 1285-93, 2010.

4. F. Lotufo-Neto et al., "A Dose-finding and Discontinuation Study of Clomipramine in Panic Disorder". *Journal of Psychopharmacology*, Oxford, Reino Unido, v. 15, n. 1, pp. 13-7, 2001.

5. C. M. Zitrin, D. F. Klein e M. G. Woerner, "Treatment of Agoraphobia with Group Exposure in Vivo and Imipramine". *Archives of General Psychiatry*, Chicago, v. 37, n. 1, pp. 63-72, 1980.

6. A. Ghosh, I. M. Marks e A. C. Carr, "Therapist Contact and Outcome of Self-exposure Treatment for Phobias. A Controlled Study". *The British Journal of Psychiatry: The Journal of Mental Science*, Londres, Reino Unido, v. 152, pp. 234-8, 1988. (Citado, daqui em diante, como *BJP*.)

7. D. M. Clark, P. M. Salvovskis e A. J. Chalkley, "Respiratory Control as a Treatment for Panic Attacks". *Journal of Behavior Therapy and Experimental Psychiatry*, Amsterdam, v. 16, n. 1, pp. 23-30, 1985.

8. D. H. Barlow e M. G. Craske, *Mastery of your Anxiety and Panic*. Albany, NY: Graywind Publications; Center for Stress and Anxiety Disorders, State University of New York at Albany, 1989.

9. Adaptado do estudo de L. M. Ito et al., "Self-exposure Therapy for Panic Disorder with Agoraphobia: Randomised Controlled Study of External v. Interoceptive Self-exposure". *The British Journal of Psychiatry: The Journal of Mental Science*, Londres, v. 178, pp. 331-6, 2001.

10. L. M. Ito et al., "Self-exposure Therapy for Panic Disorder with Agoraphobia: Randomised Controlled Study of External v. Interoceptive Self-exposure". *BJP*, v. 178, n. 4, pp. 331-6, 2001.

11. A. T. Beck e G. Emery, *Cognitive Therapy of Anxiety and Phobic Disorders*. Filadélfia: Center of Cognitive Therapy, 1979.

12. D. M. Clark, "A Cognitive Approach to Panic". *Behaviour Research and Therapy*, Oxford, v. 24, n. 4, pp. 461-70, 1986. (Citado, daqui em diante, como *BRT*.)
13. D. H. Barlow. *Anxiety and its Disorders*. Nova York: Guilford Press, 1988.
14. A. Ellis, "Rational-emotive Therapy and Cognitive Behavior Therapy: Similarities and Differences". *Cognitive Therapy and Research*, Nova York, v. 4, pp. 325-40, 1980.
15. A. T. Beck e G. Emery, op. cit., 1979.

3. MEDO DE TER PÂNICO [pp. 49-71]

1. C. Westphal, "Die Agoraphobie: Eine Neuropathische Erscheinung". *Archiv für Psychiatrie und Nervenkrankheiten*, v. 3, pp. 138-71, 1871.
2. E. Horwath et al., "Agoraphobia Without Panic: Clinical Reappraisal of an Epidemiologic Finding". *The American Journal of Psychiatry*, Arlington, VA, v. 150, n. 10, pp. 1496-501, 1993.
3. M. A. Bernik et al., "Transtornos fóbico-ansiosos". In: V. Gentil e F. Lotufo-Neto (Orgs.). *Pânico, fobias e obsessões*. São Paulo: Edusp, 1994.
4. L. Jansson e L.-G. Öst, "Behavioral Treatments for Agoraphobia: An Evaluative Review". *Clinical Psychology Review*, Nova York, v. 2, pp. 311-36, 1982; G. Butler, "Phobic Disorders". In: K. Hawton et al. (Orgs.). *Cognitive Behaviour Therapy for Psychiatric Problems: A Practical Guide*. Nova York: Oxford University Press, 1989; P. G. A. Clum, *Psychological Interventions Vs. Drugs in the Treatment of Panic*. Behavior Therapy, Nova York, v. 20, pp. 429-57, 1989; M. J. Telch et al., "Combined Pharmacological and Behavioral Treatment for Agoraphobia". *Behaviour Research and Therapy*, Oxford, v. 23, pp. 325-35, 1985; J. H. Greist et al., "Avoidance Versus Confrontation of Fear". *Behavior Therapy*, Nova York, v. 11, pp. 1-14, 1980; G. T. O'Brien e D. H. Barlow, "Agoraphobia". In: S. M. Turner (Org.). *Behavioral Treatment of Anxiety Disorders*. Nova York: Plenum Press, 1984; G. A. Fava et al., "Long-term Effects of Behavioural Treatment for Panic Disorder with Agoraphobia". *BJP*, Londres, v. 166, n. 1, pp. 87-92, 1995.
5. A. Ghosh e I. M. Marks, "Self-treatment of Agoraphobia by Exposure". *Behavior Therapy*, Nova York, v. 18, n. 1, pp. 3-16, 1987.
6. M. McKay, M. Davis e P. Fanning, *Técnicas cognitivas para el tratamiento del estrés*. Barcelona: Martinez Roca, 1985.
7. J. H. Greist et al., op. cit., 1980.

4. O INFERNO SÃO OS OUTROS [pp. 72-104]

1. J. Kagan, "Temperamental Contributions to Social Behavior". *The American Psychologist*, Washington, DC, v. 44, pp. 668-74, 1989.

2. P. J. Lazarus, "Incidence of Shyness in Elementary-school Age Children". *Psychological Reports*, Louisville, KY, v. 51, n. 3, pp. 904-6, 1982; S. M. Turner e D. C. Beidel, "Social Phobia: Clinical Syndrome, Diagnosis, and Comorbidity". *Clinical Psychology Review*, Nova York, v. 9, pp. 3-18, 1989.

3. S. M. Turner, D. C. Beidel e R. M. Townsley, "Social Phobia: Relationship to Shyness". *BRT*, Oxford, v. 28, n. 6, pp. 497-505, 1990.

4. J. H. Greist, "The Diagnosis of Social Phobia". *The Journal of Clinical Psychiatry*, Memphis, TN, v. 56, supl. 5, pp. 5-12, 1995.

5. M. R. Liebowitz et al., "Social Phobia: Review of a Neglected Anxiety Disorder". *Archives of General Psychiatry*, Chicago, v. 42, n. 7, pp. 729-36, 1985.

6. Id., "Phenelzine vs Atenolol in Social Phobia. A Placebo-controlled Comparison". *Archives of General Psychiatry*, Chicago, v. 49, n. 4, pp. 290-300, 1992.

7. J. P. Dempsey et al., "Treatment of Social Anxiety with Paroxetine: Mediation of Changes in Anxiety and Depression Symptoms". *Comprehensive Psychiatry*, Nova York, v. 50, n. 2, pp. 135-41, 2009; D. J. Katzelnick et al., "Sertraline for Social Phobia: A Double-blind, Placebo-Controlled Crossover Study". *The American Journal of Psychiatry*, Arlington, VA, v. 152, n. 9, pp. 1368-71, 1995; A. Pelissolo, "Efficacy and Tolerability of Escitalopram in Anxiety Disorders: A Review". *L'Encéphale*, Paris, v. 34, n. 4, pp. 400-8, 2008.

8. M. R. Liebowitz, A. J. Gelenberg e D. Munjack, "Venlafaxine Extended Release vs Placebo and Paroxetine in Social Anxiety Disorder". *Archives of General Psychiatry*, Chicago, v. 62, n. 2, pp. 190-8, 2005.

9. Gillian Butler, "Exposure as a Treatment for Social Phobia: Some Instructive Difficulties". *BRT*, Oxford, v. 23, n. 6, pp. 651-7, 1985.

10. C. M. Gebara et al., "Virtual Reality Exposure Using Three-dimensional Images for the Treatment of Social Phobia". *Revista Brasileira de Psiquiatria*, v. 38, n. 1, pp. 24-9, 2016.

11. G. Butler, "Exposure as a Treatment for Social Phobia: Some Instructive Difficulties". *BRT*, Oxford, v. 23, n. 6, pp. 651-7, 1985.

12. C. M. Gebara et al., op. cit., 2016.

13. R. G. Heimberg e D. H. Barlow, "Psychosocial Treatments of Social Phobia". *Psychosomatics*, Washington, DC, v. 29, pp. 27-37, 1988.

14. M. J. Smith, *Quando digo não, me sinto culpado*. Rio de Janeiro: Record, 1994.

5. MEDOS NEM SEMPRE TÃO SIMPLES [pp. 105-42]

1. R. J. McNally e G. S. Steketee, "Etiology and Maintenance of Severe Animal Phobias". *BRT*, Oxford, v. 23, n. 4, pp. 431-5, 1985.
2. L.-G. Öst, "One-session Treatment for Specific Phobias". *BRT*, Oxford, v. 27, n. 1, pp. 1-7, 1989.
3. R. Warren e G. D. Zgourides, "Anxiety Disorders: A Rational-emotive Perspective". In: A. P. Goldstein; L. Krasner; S. L. Garfield (Orgs.). *Psychology Practitioner Guidebooks*. Nova York: Pergamon Press, 1991, pp. 104-5.
4. S. Freud, "Análise de uma fobia em um menino de cinco anos". In: *Edição standard brasileira das obras psicológicas completas de Freud*. Rio de Janeiro: Imago, 1969. v. 10, pp. 13-154.
5. S. J. Rachman, M. Craske e K. Tallman, "Does Escape Behavior Strengthen Agoraphobic Avoidance?". *Behavior Therapy*, Nova York, v. 17, n. 4, pp. 366-84, 1986.
6. M. D. Zane e H. Milt, *Your Phobia: Understanding your Fears Through Contextual Therapy*. Washington, DC: American Psychiatric Press, 1984.
7. L.-G. Öst et al., "Exposure in Vivo vs Applied Relaxation in the Treatment of Blood Phobia". *BRT*, Oxford, v. 22, n. 3, pp. 205-16, 1984.
8. L.-G. Öst e U. Sterner, "Applied Tension: A Specific Behavioral Method for Treatment of Blood Phobia". *BRT*, Oxford, v. 25, n. 1, pp. 25-9, 1987.
9. L.-G. Öst, U. Sterner e J. Fellenius, "Applied Tension, Applied Relaxation, and the Combination in the Treatment of Blood Phobia". *BRT*, Oxford, v. 27, n. 2, pp. 109-21, 1989.
10. B. O. Rothbaum et al., "Virtual Reality Exposure Therapy in the Treatment of Fear of Flying: A Case Report". *BRT*, Oxford, v. 34, n. 5-6, pp. 477-81, 1996.
11. Id., "Effectiveness of Computer-generated (Virtual Reality) Graded Exposure in the Treatment of Acrophobia". *The American Journal of Psychiatry*, Arlington, VA, v. 152, n. 4, pp. 626-8, 1995.

6. PENSAMENTOS QUE ATORMENTAM E MANIAS QUE ALIVIAM [pp. 143-74]

1. J. L. Rapoport, *O menino que não conseguia parar de se lavar: Experiência e tratamento do distúrbio obsessivo-compulsivo*. Rio de Janeiro: Marques Saraiva, 1990.
2. S. Freud, "Notas sobre um caso de neurose obsessiva". In: *Edição standard brasileira das obras psicológicas completas de Freud*. Rio de Janeiro: Imago, 1969. V. 10, pp. 157-317.

3. T. R. Nsel, *New Findings in Obsessive-Compulsive Disorder*. Washington, DC: American Psychiatric Press, 1984.

4. M. Piccinelli et al., "Efficacy of Drug Treatment in Obsessive-Compulsive Disorder. A Meta-Analytic Review". *BJP*, Londres, v. 166, n. 4, pp. 424-43, 1995.

5. E. B. Foa et al., "Success and Failure in the Behavioral Treatment of Obsessive-compulsives". *Journal of Consulting and Clinical Psychology*, Washington, v. 51, n. 2, pp. 287-97, 1983; C. A. Hoogduin e W. A. Hoogduin, "The Out-patient Treatment of Patients with an Obsessional-Compulsive Disorder". *BRT*, Oxford, v. 22, n. 4, pp. 455-9, 1984.

6. P. M. Salkovskis e J. Kirk, "Obsessional Disorders". In: K. Hawton et al. (Orgs.). *Cognitive Behavior Therapy for Psychiatric Problems: A Practical Guide*. Nova York: Oxford University Press, 1989.

7. R. S. Stern, "Obsessive Thoughts: The Problem of Therapy". *BJP*, Londres, v. 133, pp. 200-5, 1978.

8. Id., "Treatment of a Case of Obsessional Neurosis Using Stop Thought Stopping". *BJP*, Londres, v. 117, pp. 441-2, 1970.

9. P. Van Oppen et al., "Cognitive Therapy and Exposure In Vivo in the Treatment of Obsessive Compulsive Disorder". *BRT*, Oxford, v. 33, n. 4, pp. 379-90, 1995; I. A. James e I. M. Blackburn, "Cognitive Therapy with Obsessive-Compulsive Disorder". *BJP*, Londres, v. 166, n. 4, pp. 444-50, 1995.

10. P. M. Salkovskis, "Obsessões e compulsões". In: J. Scott, J. M. G. Williams e A. T. Beck, *Terapia cognitiva na prática clínica: Um manual prático*. Porto Alegre: Artes Médicas, 1984.

11. M. N. Khan, U. A. Hotiana e S. Ahmad, "Escitalopram in the Treatment of Obsessive-Compulsive Disorder: A Double Blind Placebo Control Trial". *Journal of Ayub Medical College*, Abbottabad, 2007, v. 19, n. 4, pp. 58-63.

7. TRAUMAS DE EFEITO PROLONGADO [pp. 175-92]

1. D. W. Foy, E. M. Carroll e C. P. Donahoe Jr., "Etiological Factors in the Development of PTSD in Clinical Samples of Vietnam Combat Veterans". *Journal of Clinical Psychology*, Brandon, Vt, v. 43, n. 1, pp. 17-27, 1987.

2. E. B. Foa, G. Steketee e B. O. Rothbaum, "Behavioral Cognitive Conceptualizations of Post-traumatic Stress Disorder". *Behavior Therapy*, Nova York, v. 20, pp. 155-76, 1989.

3. L. Y. Abramson, M. E. Seligman e J. D. Teasdale, "Learned Helplessness in Humans: Critique and Reformulation". *Journal of Abnormal Psychology*, v. 87, n. 1, pp. 49-74, 1978.

4. J. E. Helzer, L. N. Robins e L. McEvoy, "Post-traumatic Stress Disorder in the General Population. Findings of the Epidemiologic Catchment Area Survey". *The New England Journal of Medicine*, Boston, v. 317, n. 26, pp. 1630-4, 1987.

5. M. Hoskins et al., "Pharmacotherapy for Post-traumatic Stress Disorder: Systematic Review and Meta-analysis". *BJP*, Londres, v. 206, n. 2, pp. 93-100, 2015.

6. R. Warren e G. D. Zgourides, "Anxiety Disorders: A Rational-emotive Perspective". In: A. P. Goldstein, L. Krasner e S. L. Garfield (Orgs.). *Psychology Practitioner Guidebooks*. Nova York: Pergamon Press, 1991. p. 145-6.

7. D. A. Richards e J. S. Rose, "Exposure Therapy for Post-traumatic Stress Disorder: Four Case Studies". *BJP*, Londres, v. 158, pp. 836-40, 1991; K. Vaughan e N. Tarrier, "The Use of Image Habituation Training with Post-traumatic Stress Disorders". *BJP*, Londres, v. 161, pp. 658-64, 1992.

ESTA OBRA FOI COMPOSTA PELA ABREU'S SYSTEM EM INES LIGHT
E IMPRESSA EM OFSETE PELA GRÁFICA PAYM SOBRE PAPEL PÓLEN NATURAL
DA SUZANO S.A. PARA A EDITORA SCHWARCZ EM JANEIRO DE 2024

A marca FSC® é a garantia de que a madeira utilizada na fabricação do papel deste livro provém de florestas que foram gerenciadas de maneira ambientalmente correta, socialmente justa e economicamente viável, além de outras fontes de origem controlada.